써드 씽킹

THIRD
직관과 논리를 뛰어넘는 제3의 사고법
THINKING
써드 씽킹

가게야마 테쓰야 지음 | 이정현 옮김

21세기북스

이제부터 나는 최고의 선택만 한다!

인생은 선택의 연속이다. 어느 대학에 갈 것인지, 어떤 회사에 취직할 것인지, 정말 이 사람과 결혼해도 괜찮은지…. 인생의 큰 고비마다 결정을 해야만 한다. 이뿐만이 아니다. 오늘 아침에 무엇을 먹을지, 어떤 색 옷을 입을지 매일매일 무수히 많은 결정을 한다. 크고 작음의 차이가 있을 뿐, 우리는 최선의 선택을 위해 많은 시행착오를 겪으며 매 순간 무언가를 결정한다.

지금까지의 경험을 돌이켜보자. 순간적인 번뜩임이나 직관에 따라 바로 마음을 정할 때도 있었을 것이고, 오랜 시간을 들여 신중하게 생각한 끝에 결론을 이끌어낸 적도 있었을 것이다. 이렇듯 우리의 '사고'에는 몇 가지 종류가 있다.

'인간의 사고'에 대한 연구는 심리학을 비롯해 '행동경제학' 분야를 중심으로 이루어져왔다. 노벨경제학상을 수상한 미국의 행동경제학자 대니얼 카너먼^Daniel Kahneman은 인간의 사고를 다음과 같이 두 가지로 나누었다.

① 빠른 사고(시스템 1)
② 느린 사고(시스템 2)

인간은 가장 좋은 결정을 내릴 수 있도록 대상에 따라 이두 가지 사고를 구분해 사용한다고 한다. 먼저 '빠른 사고'란, 쉽게 말해 직관적으로 빠르게 결정하는 사고다. '오늘 점심은 어디에서 먹을까?' 고민하는 와중에 새로 오픈한 식당이 순간적으로 떠올라 '그래! 오늘은 거기에 가보자' 하고 바로 결정했다면 '빠른 사고'를 활용한 것이다.

한편 '느린 사고'란, 한마디로 깊이 생각해 결정하는 사고다. 예를 들어 컴퓨터나 스마트폰 등 고가의 물건을 구입할때는 여러 상품을 후보로 두고 각각의 스펙, 가격, 디자인, 색상 등을 비교한 뒤 충분히 고민하고 결정을 내리는 경우가 많다. 이런 때는 '느린 사고'를 활용한 것이다.

당신도 충분히 공감할 것이다. 그렇다면 조금 더 구체적으로 당신이 지금껏 해온 의사결정을 되돌아보기 바란다. 스마트폰을 구입할 때를 떠올려보자. 정보량이 너무 많아 어떤 제품을 선택해야 하는지 결정하기 어려웠던 경험이 있을 것이다. 휴대폰 매장에 직접 방문해보기도 했지만 쉽게 결정할 수 없어 '좀 더 생각해보고 다음에 사자' 하고 정보만 잔뜩 모아 집으로 돌아왔는데, 3일 정도 지난 후 출근길에 '그래! 그걸로 사자!' 하고 갑자기 결정을 내린 적은 없었는가? 혹은 새로운 기획안을 작성하기 위해 몇 시간이나 자료를 모으고 검토했지만 좀처럼 좋은 아이디어가 떠오르지 않아 막막했는데, 집으로 돌아와 샤워를 하는 도중 좋은 아이디어가 번뜩 떠오른 적은 없었는가? 이와 비슷한 경험을 수도 없이 해보았을 것이다.

우리는 의사결정을 앞두고 진척이 없을 때 의사결정과 아무 상관없는 활동을 하며 결정을 미루는 방식을 일상적으로 활용하고 있다. 그렇게 나중으로 미룬 상황에서 문득 영감이 떠오르는 순간을 맞이하는 것이다.

일단 생각을 멈추고 다른 일을 할 때 갑자기 영감이 떠오른다.

사실 이 사고는 앞서 소개한 빠른 사고와 느린 사고 중 어디에도 해당하지 않는다. '생각을 잠재운 뒤 결정을 내린다'는 전혀 다른 사고법이다. 곰곰이 생각해보면, 사고를 잠재운 뒤에 무언가가 번뜩이는 순간이 찾아오는 것은 의사결정 대상에 주의를 기울이지 않을 때다. 예를 들어 욕조에 몸을 담그고 있을 때, 산책을 할 때, 출퇴근하는 지하철 안에 있을 때, 책을 읽을 때, 음악을 들을 때 빨래를 널 때…. 정말 신기한 일이다.

그럼 한 번 생각해보자. 생각을 멈춘 것이 분명한데, 왜 갑자기 번뜩임이 찾아오는 것일까? 애초에 생각을 하지 않고도 결론을 이끌어내는 일이 가능한 것일까? 아니다. 그럴 리 없다. 아무런 사고도 작동하지 않는데 갑자기 무언가가 떠오르는 일 같은 건 있을 수 없다.

그렇다면 생각을 멈추려고 했지만 우리가 전혀 모르는 곳에서 어떤 사고가 계속 작동하고 있다고 생각하는 편이 자연스럽지 않을까? 휴대폰 매장에서 나와 집으로 돌아가 저녁 식사를 하고, 빨래를 개고, 욕조에 몸을 담그고 있는 동안에도 '어떤 스마트폰을 살까?'와 관련된 사고가 무의식중에 계속되고 있다고 생각하는 편이 자연스럽다. 더구나 이 사고는

'스스로 의식할 수 없는 사고'다.

의식할 수 없는 사고! 이것이 바로 이 책에서 소개할 '무의식 사고'다. 무의식 사고는 앞서 소개한 빠른 사고(직관, 시스템 1)와 느린 사고(심사숙고, 시스템 2)에 더해 제3의 사고(Third thinking, 시스템 3)로, 최근 뇌과학과 심리학에서 증명해낸 사고법이다.

나는 경영심리학을 뇌과학 영역으로까지 확장한 '경영 뇌과학' 분야를 연구하고 있다. 일본과 미국의 대학에서 경영학을 공부한 뒤 기업 현장에서 경영컨설턴트로 일하는 동안 수많은 의사결정을 내리고, 창의적 사고를 발휘해 새로운 상품과 서비스를 제작하는 등 비즈니스 현장에서 벌어지는 '무의식 사고'에 흥미를 갖게 되었다. 이후 심리학과 행동경제학을 포함해 뇌과학 영역으로까지 발전 중인 '무의식 사고'를 본격적으로 연구했고, 그 연구 결과를 담은 논문을 인정받아 지금은 교토대학교에서 학생들을 가르치고 있다.

무의식 사고에 관한 연구는 역사가 짧다. 특히 무의식 사고의 뇌과학 연구는 세계적인 연구 기관 중 하나인 미국의 카네기멜론대학교 연구팀의 연구와 내가 소속된 연구팀의 연구, 이렇게 두 가지 사례밖에 없다. 현실이 이렇다 보니 제3의 사고, 즉 무의식 사고에 관한 연구 분야에서는 내가 세계적 선두주자라 자부한다. 다행히도 지금은 전 세계에서 활발하게 연구가 진행되고 있고, 발전 가능성이 무한한 분야로 인정받고 있다.

무의식 사고는 누구나 활용할 수 있는 능력이다. 우리는 지금까지 무의식 사고를 활용함으로써 자신이 본래 가지고 있는 대단한 능력을 발휘해왔다. 하지만 지금까지는 모든 사람에게 이 능력이 있다는 사실을 어느 누구도 알아차리지 못했다.

만약 무의식 사고를 의식적으로 활용할 수 있게 된다면 어떻게 될까? 우리의 잠재력이 폭발할 가능성이 엄청나게 커지지 않을까? 내가 알고 있지 못했던 나의 무한한 능력을 깨닫게 되고, 이를 의식적으로 활용할 수 있다고 생각해보라. 가슴이 두근거리지 않는가! 당신 안에 어떤 가능성이 숨어 있을지 궁금하지 않은가!

특히 무의식 사고가 빠른 사고와 느린 사고보다 복잡한 의사결정에 있어 훨씬 뛰어나다는 사실이 최근 과학적으로 증명되고 있다. 이 사고법을 활용할 수 있게 되면 비즈니스 의사결정부터 진학, 취업, 결혼 등 삶에서의 중대한 의사결정까지 그동안의 선택을 뛰어넘는 최고의 선택을 할 수 있게 될 것이다. 앞으로 우리가 중점적으로 활용해야 하는 것은 빠른 사고도, 느린 사고도 아닌, 지금부터 이 책에서 소개할 제3의 사고, 즉 무의식 사고다.

오늘날 인공지능은 놀라울 정도로 급속히 발전하고 있다. 우리는 머지않아 그 어느 때보다 많은 시간과 노동을 창의적 활동에 할애하게 될 것이다. 반대로 생각하면, 창의력을 발휘할 수 없다면 설 자리가 없어질 것이다.

'아이디어가 떠오르지 않아.'

'내가 더 창의적인 사람이라면 좋을 텐데….'

'어떻게 해야 창의적인 발상을 할 수 있을까?'

이렇게 한탄하고 있을 여유조차 없어질 것이 분명하다. 자신의 창의성과 아이디어 부족을 고민하는 사람에게 도움이 되는 것이 바로 무의식 사고다. 이 책을 읽고 무의식 사고를 활용해보라. 당신의 창의성이 눈에 띄게 향상될 것이다.

천재 음악가 볼프강 아마데우스 모차르트, 대문호 어니스트 헤밍웨이 같은 세계적인 위인들은 무의식 사고를 활용해 위업을 달성했을 가능성이 크다. 뿐만 아니라 마이크로소프트,

애플, 스타벅스 등 세계적인 기업의 성장 뒤편에도 무의식 사고가 존재했을 가능성이 크다. 즉 세상을 놀라게 할 아이디어는 무의식 사고를 활용함으로써 만들어낼 수 있다. 창의성을 극대화하는 궁극의 사고법! 그것이 바로 무의식 사고다.

어떤가. 이제 무의식 사고가 조금 궁금해지기 시작했는가?

사고란 무엇인가.

왜 무의식 사고가 중요한가.

어떻게 하면 무의식 사고를 활용해 우리의 일상생활을 잘 꾸려나갈 수 있을까?

지금부터 이러한 질문에 대한 답을 찾아보겠다. 어려울 것 없다. 누구나 이미 사용하고 있는 사고법이기 때문이다. 다만, 무의식 사고의 존재를 알고 활용하는가, 인지하지 못한 상태에서 활용하는가의 차이일 뿐이다. 만약 무의식 사고가 무엇인지 제대로 알고 활용한다면 당신의 생활에는 엄청난 변화가 일어날 것이다. 실제로 나 자신도 여러 인생의 국면에서 무의식 사고의 도움을 받아왔기에 그 놀라운 힘을 장담할 수 있다.

무의식 사고는 최강의 사고법이다. 이 책을 끝까지 읽고 나면 당신도 이 말의 의미를 충분히 이해하게 될 것이다.

가게야마 테쓰야

차례

제1장　우리는 매일 70번의 선택을 한다

제6장 내 안의 잠재된 가능성이 폭발한다

우리는 매일 70번의 선택을 한다

THIRD THINKING

인생은 하나하나의
의사결정으로
이루어진다

우리의 일상은 선택의 연속이다. 아침 식사로 무엇을 먹을 것인가, 어떤 옷을 입고 출근할 것인가, 우산을 챙길 것인가, 회사까지 어떤 교통수단을 이용할 것인가, 회사에 도착하면 이메일을 확인하고 곧바로 답장을 쓸 것인가, 곧바로 답장을 쓰기로 마음먹었다면 어떤 표현을 사용해 답장을 쓸 것인가, 어떤 순서로 업무를 처리할 것인가…. 이렇게 아침에 일어나 출근하고 퇴근할 때까지 무수히 많은 선택을 한다. 아니, 더 정확하게 말하면 퇴근 후에도, 집에 도착하고 나서도, 잠이 드는 그 순간까지 매 순간 선택의 상황에 놓인다.

컬럼비아대학교 비즈니스 스쿨에서 의사결정을 연구하는 쉬나 아이엔가Sheena Iyengar는 이렇게 말했다.

"사람은 하루 평균 70번의 의사결정을 한다."

하루 중 내리는 의사결정에는 아침에 무엇을 먹을지, 어떤 옷을 입을지와 같은 비교적 가벼운 선택부터, 최종 합격한 회사 중 어느 회사에 입사할 것인지를 고르는 것처럼 앞으로의 인생이 달라질 중요한 선택까지 모두 포함되어 있다. 하루에 의사결정을 하는 횟수가 평균 70번이라고 할 때, 일주일이면 약 500번, 한 달이면 약 2,100번, 1년이면 약 2만 6,000번이나 의사결정을 하는 셈이다.

자신의 나이를 기준으로 지금까지 얼마나 많은 의사결정을 해왔는지 어림잡아 계산해보기 바란다. 엄청난 숫자에 놀라 기절할지도 모른다. 말하자면, 우리가 살아간다는 것은 매 순간 의사결정을 내린다는 것이고, 하나하나의 의사결정이 모여 우리의 인생을 만드는 것이다.

선택에도
액셀과 브레이크가
있다

그렇다면 우리는 어떻게 의사결정을 내리는 것일까? 의사결정의 중요성은 예전부터 많은 연구자와 과학자에게 관심의 대상이었다. 그 덕분에 의사결정은 오랜 시간 연구되어왔고, 우리가 어떻게 의사결정을 내리는지에 대한 다양한 사실이 밝혀졌다.

지금까지의 연구 결과에 따르면, 우리가 무언가를 선택할 때에는 다음과 같은 두 가지 뇌의 작용이 일어난다.

① 빠른 사고(시스템 1)
② 느린 사고(시스템 2)

이에 대해서는 앞서 이미 언급했지만, 무의식 사고(시스템

3)에 대한 이야기를 시작하기 전에 좀 더 자세히 알아보도록
하자.

빠른 사고(시스템 1)

빠른 사고란, 직관적이고 즉각적인 사고를 가리킨다. 예를 들
어 빵집에 들어가자마자 눈에 들어온 크림빵을 보고 '맛있겠
다'며 곧바로 구입하는 경우다. 이때는 빠른 사고를 활용해
의사결정을 내린 것이다.

갑자기 큰 소리가 들리면 어느 쪽에서 난 소리인지 바로
알아채는 것처럼 순간적인 판단도 빠른 사고가 작동한 결과
다. 나는 뱀을 무척 싫어하는데, 뱀의 사진이나 뱀 모양의 가
방만 봐도 빠르게 눈을 돌린다. 이 역시 빠른 사고에 의한 행
동이라 할 수 있다.

빠른 사고는 노력할 필요도 없고 즉각적으로 일어나는 한
편, 스스로 의식하지 못하기 때문에 편향을 일으키기도 한다.

다음 문제를 보고 떠오르는 답을 바로 말해보자.

야구 방망이 1개와 야구공 1개의 합계 금액은 1달러 10센트다.
야구 방망이는 야구공보다 1달러 비싸다.

그렇다면 야구공 1개의 가격은 얼마인가?

이 문제는 '인지 반응 검사' 중 하나로, 빠른 사고에 의한 편향을 보여주는 예시로 자주 사용되고 있다. 자, 당신은 무엇이라 답했는가. 대부분 "10센트!"라고 답한다. 하지만 야구공이 10센트라면 야구 방망이는 1달러 10센트가 되므로, 합계 금액은 1달러 20센트가 되고 만다. 곰곰이 생각해보면 쉽게 풀 수 있는 문제이지만, '바로 말해보라'라는 조건이 붙으면 틀리는 사람이 많다.

정답은 '5센트'다. "10센트!"라는 답은 빠른 사고의 작동에 의해 도출된 것이고, 이후에 차분하게 다시 생각해보며 오류를 알아차리는 것은 앞으로 설명할 '느린 사고', 즉 침착하게 생각한 과정의 결과다.

느린 사고(시스템 2)

느린 사고란, 신중하게 생각하고 깊이 사고하는 것을 가리킨다. '논리적 사고', '합리적 사고'라고도 부른다. 빵집의 예로 돌아가자. 처음에는 크림빵을 보고 '맛있겠다'라고 생각했지만, 빵집을 천천히 둘러보니 단팥빵이 눈에 들어온다. 이때

'크림빵, 단팥빵 모두 맛있을 것 같아. 그런데 둘 다 먹으면 배부르겠지? 둘 중 뭘 먹어야 할까?' 하고 충분히 고민한 끝에 결정을 내린다면, 이때는 느린 사고가 작동한 것이다. 느린 사고는 복잡한 계산을 하거나 기획서를 작성할 때, 여행 일정을 짤 때와 같이 심사숙고가 필요할 때 주로 쓰인다.

빠른 사고를 자동차 액셀에 비유한다면, 느린 사고는 브레이크에 비유할 수 있다. 우리는 빠른 사고와 느린 사고를 활용해 매일 의사결정을 내린다.

사고의
매커니즘을 알면
선택이 달라진다

미국 UCLA 정신의학과 교수 매튜 리버먼Matthew Lieberman은 사회인지신경과학(뇌과학 연구) 분야에서 세계적으로 주목받고 있는 연구자다. 그는 시스템 1(빠른 사고)과 시스템 2(느린 사고)가 각각 다양한 뇌 영역에 관여하고 있음을 지적하고, 두 시스템은 서로 다른 신경회로와 관련되어 있다고 주장한다.

시스템 1은 대뇌 깊숙한 곳에 있는 대뇌변연계(공포, 불안, 기쁨 같은 정서와 관련된 부분으로 편도체와 해마 등으로 이루어지며, 진화적으로 오래된 영역)가 관여하는 것으로 본다. 한편 시스템 2는 대뇌신피질, 그중에서도 '뇌의 사령탑'이라 불리는 전전두피질(사고를 담당하는 뇌의 최고 중추로, 가장 최근에 진화된 영역)이 관여하는 것으로 본다. 리버먼은 인간은 이 두 가지 독립된 뇌 시스

두 가지 시스템을 담당하는 뇌 영역

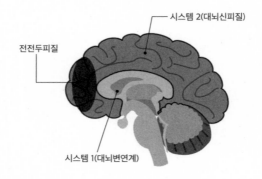

시스템 1(빠른 사고)은 살아가는 데 필요한 본능이나 정서를 담당하는 대뇌변연계가 관여하고, 시스템 2(느린 사고)는 계산이나 의사소통 등 인간 특유의 고차적인 활동에 관련된 대뇌신피질이 관여한다고 가정한다.

템을 활용해 매일의 의사결정을 수행하고 있다고 주장한다.

리버먼의 이러한 주장에서 나의 연구가 시작되었다. 두 가지 뇌의 작용에 주목해 '복잡하고 어려운 의사결정' 상황에서 어떻게 하면 최선의 선택이 가능할지 연구하기로 한 것이다. 나의 가설은 리버먼이 말한 '느린 사고(시스템 2)', 즉 '신중하게 생각하는 것'이 어려운 선택을 내리는 데 효과적이라는 것이었다. 연구자가 아니더라도 많은 사람이 '왠지 모르게' 그렇다고 생각할 것이다.

그런데 '복잡하고 어려운 의사결정'이라고 표현했지만, 지금까지 예를 들었듯 의사결정 대상은 매우 다양하다. 그중 내가 연구 대상으로 삼은 것은 '비즈니스에서의 의사결정'이었다. 특히 경영과 관련된 의사결정은 매우 복잡하고 어려운 문제 중 하나다.

어떻게 사업을 운영할 것인가, 어떤 사람을 채용할 것인가, 어디에 얼마나 투자할 것인가…. 경영에서의 의사결정은 그 성공 여부에 따라 수억 원의 손실을 내기도 하고, 수십억 원의 이익을 내기도 한다.

노벨경제학상을 수상한 미국의 경제학자이자 인지심리학자 허버트 사이먼Herbert Simon은 이렇게 말했다.

두 가지 시스템의 주요 특징

시스템 1	시스템 2
직관적	분석적
빠르다	느리다
자동적	의식적
노력이 필요하지 않음	노력이 필요함
진화적으로 오래된 뇌 영역이 관여	진화적으로 최신의 뇌 영역이 관여

"기업 경영에서 가장 중요한 것은 의사결정이다."

의사결정과 사고의 메커니즘을 알면 비즈니스 의사결정에서 언제나 최선의 선택을 할 수 있다는 의미다.

80년 연구로 밝혀낸
최적의 비즈니스
사고법

"우리 회사 부장님은 직관이 예리하고 결단력이 있어. 그래서 업무 속도도 빠르고 일이 순조롭게 진행되는 것 같아."

"우리 팀 선배는 사소한 일도 심사숙고해서 업무가 좀처럼 진행되지 않아."

우리 주위에 자주 있을 법한 이야기다. 이는 결국 사람의 사고가 '빠른 사고'에 해당하는 직관성과 '느린 사고'에 해당하는 논리성·합리성 중 어느 한쪽으로 치우쳐 있는지는 사람에 따라 다르다.

시간을 들이지 않고 직감적으로 처리하는 경향이 있는 사람은 직관형이라 할 수 있고, 충분히 시간을 들여 생각하는 사람은 논리형·합리형이라 할 수 있다. 정보를 처리할 때 어떤 방식을 선호하는지를 '인지 스타일'이라 하고, 일반적으로 학습과 업무 수행에 영향을 미친다고 본다.

그렇다면 비즈니스 의사결정에서는 직관성과 논리성·합리성 중 어느 쪽이 중요할까? 나는 '직관적으로' 논리성·합리성이 더 중요하다고 생각했다. 비즈니스 현장에서 만난 사람들, 특히 경영자 중에는 신중하게 고민하고 결정을 내리는 타입이 많았기 때문이다.

하지만 현실은 정반대였다. 사실 비즈니스와 사고는 80년 이상 연구된 주제로, '비즈니스에서는 직관성이 중요하다'라는 결론이 내려져 있었다. 예를 들어 미국의 컴퓨터 산업, 은행업, 에너지 산업을 대표하는 기업의 관리직은 직관적으로 의사결정을 하고 있다는 사실이 연구를 통해 밝혀졌다. 특히 컴퓨터 산업은 외부 환경 변화가 급격한데, 그러한 기업일수록 직관적 의사결정이 기업 실적과 밀접한 관계가 있다고 한다. 영국의 중소기업을 대상으로 한 연구에서도 직관성이 성과와 관련 있다는 사실이 보고되었다.

한편, 직관에 관한 연구 주제는 직관성과 기업가, 직관성과 전략적 의사결정, 직관성과 프로젝트 매니지먼트 등 여러 갈래로 나뉘어 있다. 다만, 비즈니스라고 한데 묶어 말해도 관리직과 일반 사원에게 요구되는 역할은 크게 다를 것이다. 그렇기 때문에 인지 스타일과 직급의 관계에 대해서도 오랜 기간 연구되어왔다. 그 결과, 직급이 올라갈수록 직관성을 보인다는 사실이 분명히 밝혀졌다. 한마디로 부하 직원보다 상사 쪽이 직관적인 경향을 보이는 것이다. 영국의 한 대형 건설 회사에서 이사급이 중간 관리직보다 더욱 직관적인 경향을 보였고, 대형 맥주 회사에서도 비슷한 사실이 발견되었다.

실제 비즈니스에서는 시간 제약이 있는 상태에서 완전한 정보를 얻는 것이 불가능하다. 불확실한 상황에서 업무를 진행해야 하는 경우가 대부분이고, 많은 관리직은 그러한 상황에 직면했을 때 직관적으로 의사결정을 내린다고 한다. 마이크로소프트의 창업자이자 전 회장인 빌 게이츠Bill Gates는 CNN과의 인터뷰에서 "어떤 아이디어가 좋은지 나쁜지 어떻게 판단하는가?"라는 질문에 "스스로 '이건 될 것 같다'라는 생각이 들면 그 직관을 믿으려고 한다"라고 답했다.

애플의 창업자이자 전 회장인 스티브 잡스Steve Jobs도 자신의 성공은 직관적 사고에 의한 것이라는 의미로 다음과 같이 말했다.

"직관은 대단히 강력하다. 지성보다 뛰어나다. 직관적 이

해와 지각은 추상적 사고나 지적이고 논리적인 사고보다 훨씬 중요하다는 사실을 알게 되었다."

스타벅스의 전 회장인 하워드 슐츠Howard Schultz도 위기를 극복하며 배운 사실이 무엇이냐는 질문에 다음과 같이 답했다.

"다양한 의견이 대립할 때 자신의 직관적인 감각을 신뢰하는 법을 배웠다."

실제로 그는 출장을 간 밀라노에서 현재 스타벅스의 원형이 되는 아이디어를 떠올렸다. 밀라노의 에스프레소 바, 그리고 각 카페가 가진 고유의 문화와 분위기를 접한 순간 '미국에 이런 카페를 만들면 어떨까?'라는 아이디어가 갑자기 떠올라 전율을 느꼈다고 한다.

버진 그룹의 창업자이자 회장인 리처드 브랜슨Richard Branso은 "나는 사람을 만난 지 30초 안에 첫인상을 결정한다. 사업 제안을 받을 때도 마찬가지다. 마음이 설레는지 아닌지 30초면 알 수 있다. 나에게는 통계 조사보다 직관이 훨씬 중요하다"라고 말했다.

직관적인 경영자가 운영하는 기업은 논리적·합리적 의사결정 방식을 중요시하는 기업보다 장기적으로 봤을 때 성장률이 높다고 알려져 있다. 그로 인해 인지 스타일과 직관에 대한 연구는 각광받게 되었고, 경영과 직관성에 관한 교양서가 출간되는 등 현실에서도 다양한 형식으로 영향을 미쳤다.

하지만 나는 이런 결론을 낸 연구와 조사가 세 가지 문제점을 가지고 있다고 생각한다.

첫째, '비즈니스의 성공을 좌우하는 것은 직관이다'라고 주장하는 연구는 대부분 미국과 영국에서 이루어졌다. 문화권이나 기업 문화가 완전히 다른 나라에서는 다른 결과가 도출될지도 모른다.

둘째, 지금까지의 연구에서는 연령이 미치는 영향이 고려되지 않았다. 일반적으로 직급이 높아지면 연령도 증가한다. 게다가 직관성과 연령은 정적 상관관계를 보인다는 연구 결과도 있다. 즉 '직급과 별개로 단순히 연령이 높기 때문에 직관적이다'라고 연령만으로 설명될 가능성도 있다.

셋째, 인지 스타일을 측정하는 질문지가 오래된 이론에 근거를 두고 있다. 지금까지의 연구에서는 인지 스타일을 측정하기 위해 1축 모델을 바탕으로 한 질문지를 사용했다. 그런데 최근 인지 과학 연구에서는 직관성과 논리성·합리성은 각각 독립적이라는 2축 모델이 주류를 이루고 있다. 앞서 소개한 사회인지신경과학(뇌과학 연구)에서도 두 가지는 각각 독립

1축 모델과 2축 모델

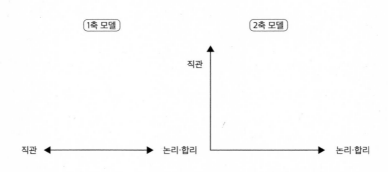

1축 모델은 직관성이 높으면 합리성은 낮아지는 것처럼 어느 한쪽이 높은 경우 다른 한쪽은 낮아진다는 것을 보여준다. 한편, 2축 모델에서는 그 두 가지가 독립되어 있다.

된 신경회로가 담당한다고 설명하므로, 독립된 것으로 보는 것이 타당하다.

비즈니스에서는
어떤 기준으로
의사결정을 할까?

앞서 비즈니스 현장에서 직관과 논리의 사고를 어떤 식으로 활용하는지 알아보았다. 오랜 시간 경영 컨설턴트로 일해온 나는 이러한 사례들을 접하며 그렇다면 연령과 직급이 직관 혹은 논리적 사고에 영향을 미치는지 궁금해져 다음과 같이 실제 기업에서 일하는 직장인을 대상으로 조사를 시행했다.

우선 나는 30대부터 60대까지 사기업에서 일하는 일본인 직장인 1,600명을 대상으로 직급, 연령, 성별이 한쪽으로 치우치지 않도록 균등하게 데이터 표본을 추출한 뒤 직급과 인지 스타일에 관한 조사를 시행했다.

그 결과는 놀라웠다. 대부분의 일본인 관리직은 논리적·합리적 인지 스타일을 가진 것으로 밝혀졌다. 이는 선행된 연구

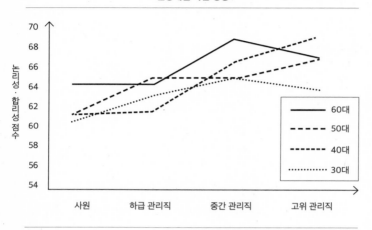

연령대별 득점 경향

논리성·합리성 점수

70
68
66
64
62
60
58
56
54

사원　　　하급 관리직　　중간 관리직　　고위 관리직

— 60대
-- 50대
--- 40대
···· 30대

출처: Kageyama and Sugiura, 2017

와 정반대의 결과로, 일본 기업은 직관성이 아닌 논리성·합리성이 이끌어가고 있음을 의미한다.

한편, 직급과 연령이 논리성·합리성과 어떤 관련이 있는지 자세히 살펴보면, 매우 흥미로운 사실을 발견할 수 있다.

다음 표와 같이 30대와 60대 고위 관리자의 득점 경향은 40대, 50대와 달랐다. 먼저 40대와 50대는 직급이 올라갈수록 논리성·합리성 점수가 높아졌다. 이는 근무연한에 따라 임금과 직급이 상승하는 연공제에 기초한 전형적인 일본의 기업 문화를 반영하고 있다.

한편, 30대와 60대 고위 관리자 집단에는 연공제를 기초로 한 일반적인 기업 문화에서 벗어난 표본이 포함되어 있을 것으로 보인다. 특별한 개성이나 능력(기업가 정신, 카리스마적 리더십 등)을 갖춘 사람이 포함되어 있고, 그들이 승진하는 데 논리성·합리성이 영향을 미치지 않은 것으로 해석할 수 있다.

나는 이러한 생각을 근거로 문화가 비즈니스와 인지 스타일의 관계에 영향을 미친다고 가정했다. 상사가 신규 사업 아이디어를 내라고 했을 때, 유럽이나 미국 기업에는 직원들이 자유롭게 아이디어를 구상하고, 직관적으로 떠오른 아이디어를 회의 자리에서 '이 사업은 이런 방법으로 추진해봅시다!'라고 자유롭게 상사에게 제안할 수 있는 분위기가 조성되어 있다. 또 직급을 막론하고 좋은 아이디어는 바로 채택이 되어 사업에 반영이 된다. 그러한 경험들이 의사결정이나 아이디어에 직관을 사용하는 문화를 만들어온 것이다.

반면 일본 기업 문화에서는 상사가 아이디어를 내라고 했을 때 부하 직원이 직관적으로 떠오른 아이디어를 낸다면, "좀 더 생각해보게"라는 대답이 돌아올 가능성이 크다. 일본 문화에는 신중하게 생각하는 '노력'과 '고생'이 미덕으

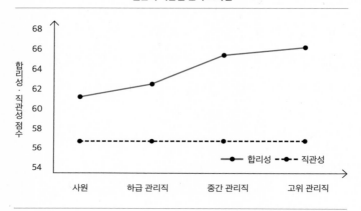

일본의 직급별 인지 스타일

합리성·직관성점수

68
66
64
62
60
58
56
54

사원 하급 관리직 중간 관리직 고위 관리직

━●━ 합리성 ┅◆┅ 직관성

출처: Kageyama and Sugiura, 2017

로 여겨지는 경향이 있기 때문이다. 따라서 나는 '비즈니
스 의사결정에서는 직관을 사용하라!'라고 단언하기는 어려
울 것이라는 결론에 다다랐다.

　다음 그래프는 일본인과 영국인과의 직관성과 합리성
을 비교한 것이다. 일본인의 경우 직급과 상관없이 직관성에
는 거의 변동이 없는 것을 볼 수 있다. 앞서 말한 신중함을 중
시하는 일본의 문화가 반영된 결과라 볼 수 있다. 반면 합리
성은 직급이 올라갈수록 높아진다.

　영국인의 경우 직급이 올라갈수록 직관성은 높아지는 형

일본인과 영국인의 직관성·합리성 비교

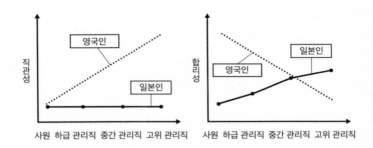

태를 보인다. 경험과 실력이 쌓일수록 의사결정이나 아이디어가 필요한 상황에서 자신의 직관을 잘 활용하는 문화인 것이다. 반면 직관성이 높아진 만큼 직급이 올라갈수록 합리성을 낮아지는 결과가 나왔다.

제2장

선택은 탁월하게,
결과는 강력하게

THIRD THINKING

왜 우리는
늘 과거의 선택을
후회하는 걸까?

인간은, 아니 더 구체적으로 일본인은 어려운 선택을 내려야 할 때 신중하게 생각하는 것이 최선이라고 믿는 경향이 있다. "신중하게 생각해"라는 말은 느린 사고를 활용하라는 말이기도 하다. 그리고 나의 연구 결과는 일본인이 논리적·합리적으로 신중하게 생각하는 경향이 강하다는 사실을 보여주었다.

하지만 신중하게 생각함으로써 최선의 선택이 가능하다면, 모든 사람이 만족스럽게 살고 있어야 한다. 모든 선택이 최선이어야 한다. 그런데 현실은 어떤가. 많은 사람이 과거의 선택을 후회하고, "그때 그렇게 했다면 좋았을 텐데…"라며 아쉬움을 토로한다.

한편, 지금까지는 '어려운 의사결정에 어떻게 접근해야 하는가'에 대한 연구에서 '직관성이 중요하다'라는 결론이 나왔지만, 나의 연구에 의하면 일본인은 그렇지 않다. 아무래도 문화 등 다양한 요인으로 인해 직관성과 합리성 중 어느 쪽이 좋은지 단언할 수 없을 듯하다.

연구를 통해 나는 '두 가지 뇌의 작용'으로만 설명하려고 한다면, '어려운 의사결정에 어떻게 접근해야 하는가'에 대한 답은 영원히 찾을 수 없을 것이라고 확신했다. 그때 내가 주목한 것이 바로 '무의식 사고'였다.

문제해결력과 창의력이
단번에 향상되는
사고법

'인간은 무의식적으로 사고할
수 있다.'

이는 과학적으로 검증된 사실이다. 나는 최신 뇌 측정 장치를 사용해 무의식 사고를 일으키고 있는 뇌의 활동을 포착하는 데 성공했다. 게다가 심리학과 뇌과학의 급속한 발전으로 우리가 무의식적으로 사고한다는 사실이 하나하나 밝혀지고 있다.

무의식 사고란, 한마디로 설명하면 '의식적으로 과제에 주의를 기울이지 않을 때의 사고'를 뜻한다. 스스로 인식하지 못하고 있을 뿐, 사실 우리는 무의식 사고를 일상적으로 활용하고 있다.

자, 그렇다면 한 번 생각해보자. 사고란 무엇일까? 우리는 왜 사고하는 것일까? 대부분의 경우, 인간은 '생각을 정리하고 싶을 때' 무언가에 대해 사고한다. '생각을 통해 의사결정을 내리고 싶을 때'라고 바꿔 말할 수도 있다. 나는 과거 비즈니스 현장에서 경영컨설턴트로 많은 사람을 만나며 그들은 크게 두 가지 공통된 고민을 가지고 있다는 사실을 발견했다.

첫 번째 고민은 바람직한 의사결정이 어렵다는 것이었다. 여기서 말하는 의사결정이란, '이 제품을 살 것인가, 말 것인가'와 같은 단순한 문제가 아니라, 비즈니스와 경영에서 맞닥뜨리는 매우 복잡하고 어려운 과제를 대상으로 하는 것이다. 예를 들어 '이 사업에 투자해도 되는가', '어떤 사람을 채용할 것인가', '이 부서를 어떻게 편성할 것인가'와 같이 기업의 운명을 좌우하는 과제 말이다. 바람직한 의사결정은 비즈니스를 성공으로 이끄는 중요한 요인이다. 즉 의사결정에서 최고의 퍼포먼스를 발휘한다면 비즈니스는 분명 성장할 것이다.

두 번째 고민은 창의성이 부족해 참신한 아이디어를 내지 못한다는 것이었다. 일본인에게 가장 부족한 것이 바로 이 '창의성'이다. 암기 위주의 교육으로 창의성을 평가받기 어려웠던 환경이 큰 원인으로 작용했다. 이는 획일적인 수험 교육의 폐해라 할 수 있다. 즉 참신한 아이디어가 떠오르기 어려운 토양이 만들어져 있는 것이다.

세계적으로 인정받는 제품이나 서비스를 만들어내는 데 번뜩이는 아이디어는 필수다. 요즘 시대에는 기발한 아이디어를 내는 능력이 기업의 힘, 나아가 국력의 차이로 이어진다고 해도 과언이 아니다.

그렇다면 '좋은 아이디어'를 내기 위해선 어떻게 해야 할까? 충분히 시간을 들여 생각하면 되는 것일까? 아이디어가 떠오를 때까지 골똘히 생각하고, 끊임없이 고민하고, 무한정 시간을 쏟으면 되는 것일까? 아이디어를 내보라는 상사의 지시를 받고 나름대로 의견을 냈지만 "좀 더 생각해보게", "정말 충분히 검토해보았는가?"라는 말을 들어본 경험은 없는가?

우리 주변에는 신중하게 생각해야 좋은 아이디어가 나온다고 믿는 사람이 많다. 하지만 이는 큰 착각이다. 오히려 '충분히 생각하기'는 혁신적인 아이디어를 내기 위해 가장 해서는 안 되는 일이다.

그렇다면 어떻게 해야 할까? 후회하지 않는 의사결정을 내리고 싶은가? 창의적인 아이디어를 내고 싶은가? 이 두 가지 고민을 한 번에 해결해주는 것이 바로 '무의식 사고'다.

무의식 사고는
복잡한 문제일수록
빛을 발한다

　　　　　　　　진학할 대학이나 취업할 회사를
정할 때, 살 집을 구할 때, 이직을 고민할 때, 연인과 결혼을 생
각하기 시작할 때 등 인생의 터닝포인트가 될 선택을 마주할
때 당신은 충분히 생각해 최선의 결론을 내려 할 것이다.

　다른 사람에게 고민 상담을 하면 "서두르지 말고 침착하
게 생각해"라는 충고가 돌아온다. 분명 아무렇게나 되는 대
로 선택하는 것보다 충분히 생각하는 편이 좋은 판단을 내리
는 데 도움이 될 것처럼 느껴진다. '신중하게 고민한 끝에 내
린 결정이니 틀릴 리 없어'라고 믿고 싶은 심리적 측면도 클
것이다. 따라서 복잡한 선택을 해야 할 때 심사숙고하는 것이
가장 효과적이라고 여겨져왔다.

　하지만 잘 생각해보면 충분히 숙고했다고 해서 반드시 좋

은 결과가 따르는 것은 아니다. 실패하는 경우도 무수히 많다. 인간은 잘못된 선택을 했음에도 불구하고 '최선을 다해 고민했으니 옳은 선택을 한 거야'라며 스스로를 설득하려는 심리를 가지고 있다.

그런데 복잡한 선택을 해야 할 때 충분히 숙고하는 것이 오히려 도움이 되지 않는다는 사실이 저명한 과학 잡지 「사이언스」에 게재된 무의식 사고 연구에 의해 밝혀졌다.

네덜란드의 사회심리학자 압 데익스테르후이스^{Ap Dijksterhuis} 연구팀은 무의식 사고와 관련된 연구를 시행하며 다음과 같은 가설을 세웠다.

① 신중하게 생각하는 의식 사고는 단순한 과제에서 좋은 의사결정을 내릴 수 있게 해준다.

② 하지만 복잡한 과제에서는 처리해야 하는 정보의 양이 의식적으로 처리할 수 있는 한계를 넘어서기 때문에 좋은 의사결정을 내릴 수 없다. 반면, 무의식 사고는 용량 제한이 없으므로 복잡한 과제에서 좋은 의사결정을 내릴 수 있게 해준다.

이 가설을 검증하기 위해 피험자에게 자동차 4대를 제시하고, 그중 가장 좋은 자동차를 고르도록 하는 실험이 시행되었다. 1대는 가장 좋은 자동차(연비 높음 등 좋은 속성을 많이 가짐), 1대는 가장 안 좋은 자동차(연비 낮음 등 나쁜 속성을 많이 가짐), 나머지 2대는 양쪽 어디에도 속하지 않는 중간 수준의 자동차였다.

먼저 피험자에게 단순 조건과 복잡 조건으로 나눠 자동차 4대(아이템)에 대한 정보를 전달했다. 단순 조건에서는 조작성, 연비, 트렁크 크기, 색상 선택지가 전달되었고, 복잡 조건에서는 앞선 네 가지 속성을 포함해 총 열두 가지 속성이 하나씩 무작위로 제시되었다.

두 조건의 피험자는 두 가지 사고 모드에 각각 배정되었다. 하나는 의식 사고 조건으로, 자동차의 특징을 제시한 후 4분 동안 충분히 생각할 시간을 가진 뒤 가장 좋은 자동차를 고르게 했다. 또 다른 하나는 무의식 사고 조건으로, 자동차의 특징을 제시한 후 4분 동안 자동차 선택과 전혀 관련 없는 애너그램(anagram, 한 단어를 이루고 있는 글자의 위치를 바꾸어 전혀 다른 단어로 만드는 놀이. 예를 들어 'taste'라는 단어가 주어지면 알파벳 순서를 바꾸어 'state'로 만드는 것이다)을 풀게 한 뒤 가장 좋은 자동차를 고르게 했다. 피험자는 애너그램을 풀고 있는 동안 의식적

제시된 자동차(아이템)의 예

단순 조건(네 가지 속성)

조작성이 좋지 않다.
연비가 높다.
트렁크가 넓다.
색상 선택지가 적다.

복잡 조건(열두 가지 속성)

조작성이 좋다.
환경친화적이다.
음향 시스템이 좋다.
수리 서비스가 불편하다.
컵홀더가 없다.
발밑 공간이 넓다.
연비가 낮다.
선루프가 있다.
기어 조작이 어렵다.
트렁크가 좁다.
중고차.
색상 선택지가 많다.

의식 사고 조건

자동차(아이템) 제시   의식 사고   의사결정

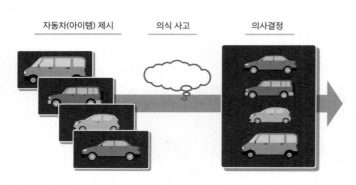

4대의 자동차 정보가   4분 동안   4대의 자동차 중 어느 것이
차례대로 제시된다.   가장 좋은지 선택한다.

무의식 사고 조건

자동차(아이템) 제시   방해 과제   의사결정

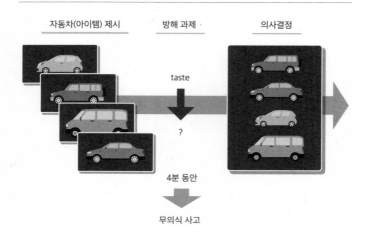

taste

?

4분 동안

무의식 사고

으로 자동차에 대해 생각하는 것이 불가능했다.

이렇게 무의식 사고 조건에서 부여된 과제를 '방해 과제'
라 한다. 데익스테르후이스 연구팀은 방해 과제가 주어졌을
때 피험자의 의식은 방해 과제, 즉 애너그램을 푸는 데 집중
되지만, 수면 아래에서는 무의식 사고가 작동할 것이라 가정
했다.

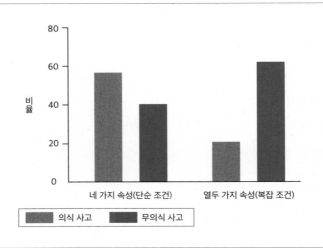

가장 좋은 자동차를 고른 사람의 비율

출처: Dijksterhuis et al., 2006

실험 결과는 놀라웠다. 네 가지 속성이 제시된 단순 조건에서는 곧바로 대답했을 때 바람직한 선택을 할 수 있었던 반면, 열두 가지 속성이 제시된 복잡 조건에서는 무의식 사고에 따라 대답할 때 더욱 바람직한 선택이 가능했다.

이렇게 데익스테르후이스 연구팀의 가설이 옳다는 사실이 검증되었다. 의사결정을 할 때 검토할 사항이나 정보가 너무 많거나 과제가 복잡한 경우에는 일단 문제와 전혀 관련 없는 일을 하고, 얼마간의 시간이 지난 뒤 결정하는 편이 좋은 결과를 얻을 수 있다. 즉 무의식 사고가 더 적합하다는 것을 실험 결과가 보여주었다.

이 실험에 이어 비슷한 조건으로 실생활과 더욱 밀접한 실험이 시행되었다. 먼저 연구자들은 구입할 때 검토할 사항이 적은 단순한 상품을 취급하는 상점(네덜란드 백화점 '바이엔코르프')과 검토할 사항이 많은 복잡한 상품을 취급하는 상점(이케아)을 실험 장소로 선택했다. 여기서 단순한 상품은 우산 같은 것으로, 사이즈와 형태가 거의 비슷하고 검토할 사항은 디자인과 가격 정도다. 한편 복잡한 상품은 가전제품과 침대 같은 가구로, 브랜드, 디자인, 기능, 가격 등 검토할 사항이 많다.

연구자들은 각 상점에서 나오는 고객들에게 다음과 같은

질문을 던졌다.

"무엇을 샀나요?"

"구입한 상품은 얼마짜리인가요?"

"쇼핑을 하기 전에 그 상품에 대해 어느 정도 알고 있었나요?"

"처음 그 상품을 보고 구입하기까지 얼마나 오래 생각했나요?"

보통 복잡한 상품일수록 가격이 비싸다. 실제로 이 실험에서도 백화점에서 구입한 상품의 평균 가격은 10만 원, 이케아에서 구입한 상품의 평균 가격은 45만 원이었다.

충동구매를 한 고객 등 처음 본 상품을 곧바로 구매한 고객을 제외하고, 상품을 보고 난 뒤 시간을 들여 고민한 고객을 '의식 사고자', 의식적으로 상품에 대해 생각할 시간을 갖지 않은 고객을 '무의식 사고자'로 분류하고 실험 대상으로 삼았다.

엄밀하게 따지면, 고객들에게 물어보는 것만으로는 무의식 사고가 일어났는지, 아닌지 단언하기 어렵다. 앞서 무의식 사고란, '과제에 의식적인 주의를 기울이지 않을 때의 사고'라고 설명했는데, 이 실험에서는 검토 중인 상품에 주의를 기울였는지, 아닌지에 따라 분류했다. 즉 상품에 주의를 기울이고 시간을 들여 고민한 고객을 '의식 사고자'로 분류했다. 상품에 주의를 기울여 의식적으로 생각할수록 주의를 기울이지 않고 무의식적으로 생각하는 시간이 줄어들기 때문이다.

그로부터 몇 주 후에 고객들에게 전화를 걸어 '구입한 상품에 얼마나 만족하고 있는지' 질문하고, 만족도를 10점 만점으로 평가해달라고 요청했다. 그 결과, 백화점에서 구입한 상

단순한 상품과 복잡한 상품의 만족도

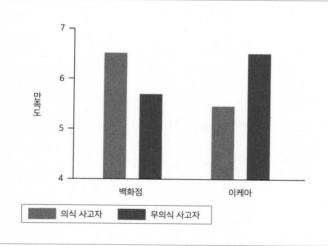

출처: Dijksterhuis et al., 2006

품에 대해서는 무의식 사고자보다 의식 사고자의 만족도가 높았다. 한편, 이케아에서 구입한 상품에 대해서는 의식 사고자보다 무의식 사고자의 만족도가 높았다.

즉 검토할 사항이 적은 단순한 상품은 신중하게 생각해야 만족스러운 결과로 이어지지만, 가구처럼 복잡한 상품은 무의식 사고를 통해 판단하는 것이 만족스러운 결과로 이어진다는 사실을 알 수 있다.

우리의 삶을
통제하는
무의식 사고

　　　　　　　지금까지 몇 차례 '무의식'이란
단어를 사용했는데, 도대체 '무의식'이란 무엇일까. 이에 대
해 제대로 다루면 책 한 권 분량이 나오지만, 여기서는 간략
하게 설명하겠다. 무의식은 쉽게 말해 '알아차리지 못한다'라
는 의미다. 즉 무의식적으로 사고할 때에는 그 사고를 스스로
알아차리지 못한다.

　그래서일까? 무의식 사고에 대해 설명할 때 많은 사람이
위화감을 느끼는 듯하다. 보통 우리가 '사고'라고 부르는 것
은 '의식적으로(노력해) 생각한다'라는 인식을 수반하기 때문
이다. 우리는 이메일을 어떻게 쓸지 고민하기도 하고, 요리
순서를 머릿속으로 정리하기도 한다. 이러한 '생각'이라는 작
업은 대부분 자신의 힘을 써 의식적으로 일어난다. 자신도 모

르는 사이에 이메일 문장이 완성되거나 알아차리지 못하는 동안 요리 순서가 정리되는 일은 결코 있을 수 없다! 그러니 '무의식'과 '사고'를 결합하는 것이 쉽게 이해되지 않을 수도 있다.

하지만 조금 달리 생각해보면 우리가 '무의식적으로 사고하는 힘'을 일상적으로 활용하고 있다는 것을 알 수 있다. 누군가와 대화를 할 때를 생각해보자.

"이런 경우 알맞은 접속사는 '가'가 아니라 '을'이지."

"책의 수량을 셀 때에는 '권'을 써야지."

"무게를 말할 때는 '킬로그램'을 써야지."

이런 생각을 하는 사람은 없을 것이다. 문법을 일일이 의식하지 않아도 자연스럽게 말이 나온다. 이야기하는 내용도 마찬가지다.

'무난하게 날씨 이야기로 시작하고, 바로 점심 약속을 정하자. 메뉴는 이것과 저것 중에 고르기로 하고….'

이런 생각을 하며 이야기한다면 어떻겠는가. 분명 금방 피곤해지고, 대화가 순조롭게 이어지지 않을 것이다. 물론 외국어라면 어느 정도 의식적으로 단어를 찾거나 문법을 고민할 필요가 있다. 하지만 모국어로 말할 경우에는 문법이나 문장

구조를 의식할 필요 없이 무의식중에 완벽하게 언어를 구사할 수 있다. 그 외에도 발음, 억양, 표정 등 모든 것이 무의식에 의해 통제되므로 우리는 전하고 싶은 내용을 자유롭게 표현할 수 있다.

무의식에 의해 통제되는 것은 언어뿐만이 아니다. 예를 들어 손을 움직여 물건을 잡을 때, 두 다리로 걸을 때 각 근육의 움직임을 자세하게 설명하기란 쉽지 않다. 하지만 손과 발을 움직일 수는 있다. 이와 마찬가지로 자동차를 운전할 때 '이 커브는 핸들을 몇 도 꺾어야 안전하게 돌 수 있을까?', '액셀에 어느 정도 압력을 가해야 자동차가 앞으로 나갈까?'와 같은 내용들을 생각하지 않아도 능숙하게 커브를 돌 수 있다.

이렇게 보니, 말하고 움직이는 일상의 행위 대부분이 무의식적으로 일어나고 있는 것 같지 않은가? 아침에 일어나 세수를 하고 이를 닦고 옷을 갈아입는 일상의 루틴이 정신을 차리고 보니 어느새 끝나 있는 경우도 간혹 있을 것이다. 도중에 어떻게 했는지 정확히 기억나지 않지만 제대로 끝내 놓았을 때 말이다. 그런 일이 가능한 것 역시 무의식 덕분이다.

인간의 뇌는 쓸데없이 에너지를 소비하지 않도록 만들어

져 있으며, 최대한 편해지려고 한다. 처음에는 의식적으로 노력해 하던 일을 어느 순간 무의식적으로 할 수 있게 되는 것도 그 때문이다.

자전거를 처음 탄 날을 기억하는가? 처음에는 보조바퀴가 달린 자전거로 연습을 시작하고, 페달을 능숙하게 밟을 수 있게 되면 보조바퀴를 뗀다. 그리고 넘어지고 휘청거리기를 몇 차례 반복하면서 균형 잡는 법을 배워 결국 자전거를 탈 수 있게 된다. 이러한 일련의 과정은 틀림없이 의식적으로 일어난 것이다.

그런데 자전거 타는 법을 한 번 터득하고 나면, 그 후부터는 무의식적으로 자전거를 능숙하게 탈 수 있다. 발 움직이는 법, 균형 잡는 법 등을 의식하지 않아도 자전거를 탈 수 있는 것 역시 무의식에 의해 통제되고 있기 때문이다.

이렇게 우리의 생활은 무의식에 의해 유지되고 있다. 오히려 무의식에 의존하고 있다고 해도 과언이 아니다. 오랜 기간 무의식을 연구해온 예일대학교 사회심리학자 존 바그John Bargh에 따르면, 일상생활에서 신체와 뇌 활동 중 무의식적으로 일어나는 것이 99퍼센트 이상이라고 한다. 반대로 의식적으로 일어나는 일은 1퍼센트 이하다. 많은 일을 의식적으로 해야 한다면 금세 지쳐 나가떨어질 것이다. 일상생활의 많은 일을 무의식이 처리해주고 있다는 사실은 무의식의 정보 처리 용량이 월등히 크다는 것을 말해준다.

지금 당신은 이 책을 생각하며 읽고 있을 것이다. 생각을 멈추지 않는 한, 책 내용 이외의 것은 생각할 수 없다고 믿고 있을지도 모른다. 하지만 이 책을 읽고 있는 바로 이 순간에도 스스로 인식하지 못할 뿐, 무언가 다른 사고가 일어나고 있다. 나는 무의식 사고야말로 앞으로의 시대를 살아가기 위한 필수적인 사고라고 생각해 '제3의 사고'라고 이름 붙였다. 최근 학계에서는 무의식 사고를 '시스템 3'이라는 이름으로 연구하고 있다.

앞서 세계는 인공지능의 급속한 발전으로 인해 큰 변화를 맞이하고 있다고 이야기했다. 특히 업무에 미치는 영향은 막대할 것이다. 지금까지 단순 노동이 컴퓨터로 대체되는 일은 있어 왔지만, 앞으로는 그런 흐름이 더욱 가속화될 전망이다. 나아가 사무직 등 많은 직업이 이 세상에서 사라질 것이라고 예측되고 있다.

앞으로 우리에게 요구되는 과제는 창의성과 관련된 업무, 인공지능으로는 실행하기 힘든 복잡하고 어려운 의사결정을 하는 것이다. 그러한 요구에 대응할 수 있는 사람만이 인정받는 세상으로 변해가고 있다. 그것을 가능하게 하는 것이 바로 무의식 사고이며, 이는 현대 사회에 필수적이고 강력한 사고 도구라 할 수 있다.

제3장

써드 싱킹Third Thinking은 어떻게 직관과 논리를 뛰어넘는가

HIRD THINKING

써드 씽킹하면,
상대의 본질을 간파한다

지금까지 인간이 사고하는 방식
은 다음 두 가지뿐이라고 여겨져왔다.

① 빠른 사고(시스템 1)인 직관성
② 느린 사고(시스템 2)인 논리성·합리성

나는 이 책을 통해 그 두 가지에 제3의 사고로 무의식
사고(시스템 3)를 추가하자고 주장하고 있다. 우리의 선택은
세 가지 사고의 작용에 의해 이루어지고 있다. 그동안 많은
사람이 어려운 선택에 직면했을 때 두 가지 방식, 즉 직관을
활용해 재빠르게 결론을 내는가, 충분히 고민해 답을 이끌어
내는가만 고려했기에 잘못된 판단을 내리는 사태가 벌어진

것이다.

그렇다면 무의식 사고는 실제로 존재하는 것일까? 정말로 무의식 사고를 통해 중요한 선택의 순간에 올바른 판단을 내리는 것이 가능할까? 당신은 아직까지도 반신반의하고 있을지도 모른다.

이 장에서는 나를 포함한 많은 학자가 무의식 사고에 대해 시행한 연구 결과를 바탕으로 무의식 사고가 우리의 일상생활에, 인생에 얼마나 좋은 결과를 가져다주는지 설명하도록 하겠다.

우리는 인생의 중요한 국면에서 '사람을 선택한다'라는 행위를 한다. 누구와 친구가 될지, 누구와 결혼을 할지 등을 결정한다. 어떤 사람과 관계를 맺느냐에 따라 그것이 인생을 좌우하는 경우도 있다. 게다가 기업에서 인재 채용은 실적을 좌우하는 가장 중요한 안건이라 할 수 있다.

하지만 사람을 선택하는 것만큼 어려운 문제도 없다. 인간에게는 무수히 많은 특징이 있기 때문이다. 그리고 특정 요소에 끌려 올바른 판단을 내리지 못할 때도 있다. 학력을 과대평가한 탓에 의사소통 능력이 전혀 없는 사람을 채용하고 말았다는 하소연이 심심찮게 들린다.

무의식 사고가 사람을 선택하는 문제에서도 뛰어난 성과를 낸다는 사실이 실험을 통해 밝혀졌다. 지역을 이동해 대학에 입학한 학생들은 학교 기숙사에서 생활하는 것이 일반적이다. 대체로 두세 명이 한 방을 사용하는데, 룸메이트가 어떤 사람이냐는 이후 대학생활의 만족도를 결정하는 요인이 되기도 한다.

이 실험에서 대학생을 피험자로 두고, 가상의 룸메이트 후보 9명에 대한 정보를 전달했다. 그리고 어떤 사람과 함께 생활할지 직접 선택하게 했다. 각 인물의 정보는 150자 내외로 정리되었고, 그 안에 12가지 성격 특성이 쓰여 있었다. 룸메이트 후보자는 긍정적 요소(매우 매력적임, 의사소통 능력이 뛰어남 등)를 많이 가진 3명, 그럭저럭 매력적인 3명, 부정적 요소(전혀 매력적이지 않음, 청결하지 못함 등)를 많이 가진 3명으로 이루어져 있었다.

피험자들은 9명의 정보를 읽은 뒤 다음 세 가지 사고 조건에 무작위로 배정되었다.

① 직관 조건(시스템 1)

이 조건에서는 생각할 시간이 주어지지 않았다. 피험자는 룸메이트에 대한 정보를 읽은 뒤 누구를 선택할 것인지 곧바로 이야기해야 했다. 직관적으로 결정하므로 빠른 사고(시스템 1)를 통해 판단하는 것에 해당한다.

② 의식 사고 조건(시스템 2)

이 조건에서는 3분 동안 생각할 시간이 주어졌다. 피험자는 룸메이트에 대한 정보를 읽은 뒤 깊이 생각할 수 있었다. 생각할 시간이 주어지므로 느린 사고(시스템 2)를 통해 판단하는 것에 해당한다.

③ 무의식 사고 조건(시스템 3)

이 조건에서는 룸메이트에 관한 정보를 제시하고 3분 동안 애너그램을 푼 뒤 인물에 대한 평가를 시행했다. 애너그램을 풀고 있는 동안에는 각 룸메이트에 대한 평가가 불가능하다. 즉 무의식 사고(시스템 3)가 작동되고 있는 것이다.

이렇게 각 조건에서 피험자들이 얼마나 정확하게 인물을 평가했는지 조사한 결과, ①, ② 조건에서는 35퍼센트 내외, ③ 조건에서는 약 60퍼센트의 피험자가 올바른 평가를 내렸다.

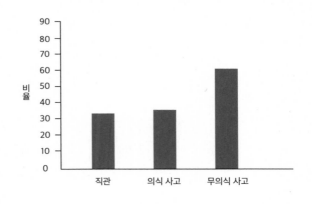

룸메이트를 정확하게 평가한 사람의 비율

출처: Strick et al., 2010

이 실험을 통해 무의식 사고에 의해 정확한 판단이 가능하
다는 것뿐만 아니라, 사람을 판단할 때에는 직관적인 감각을
믿든, 충분히 생각해보든 정확도는 비슷하다는 사실을 알 수
있다.

써드 씽킹하면,
거짓과 진실을
단번에 분별한다

거짓말은 늘 우리 곁에 있다. 이 책을 읽고 있는 당신도 분명 1회 이상 거짓말을 한 적이 있을 것이다. 사기 범죄가 근절되지 않는 것은 거짓말을 하는 사람과 거짓말에 속는 사람이 사라지지 않기 때문이다. 한편 '이건 거짓말이네' 하고 알 수 있는 경우도 있다. 직관적으로 '아무래도 의심스럽단 말이야'라는 느낌이 들 때도 있고, 상대방의 어색한 표정이나 시선의 흔들림 등 수상한 태도를 자세히 관찰함으로써 '이 사람 거짓말하고 있는 것 같은데?' 하고 생각할 수도 있다.

그렇다면 무의식 사고는 거짓말을 꿰뚫어보는 데 도움을 주는 것일까? 이를 밝혀내기 위해 시행된 실험이 있다. 정장을 입은 대학생이 자신이 참가한 인턴십에 대한 내용과 좋았던 점, 싫었던 점을 이야기하는 동영상 8개를 피험자에게 보여주었다. 그중에는 실제로 인턴십에 참가해 있는 그대로 이야기한 사람과 인턴십에 참가한 척 거짓말을 하는 사람이 섞여 있었다. 사실을 말하는 동영상과 거짓말을 하는 동영상의 길이는 같았고, 두 가지 동영상이 어떤 비율로 섞여 있는지 피험자에게 알려주지 않았다. 피험자들은 다음 세 가지 사고 조건에 무작위로 배정되었다.

① 직관 조건(시스템 1)
동영상을 보여주기 전에 거짓말을 하는 사람이 있다는 사실을 알려주고, 동영상은 시청한 후 곧바로 거짓말 동영상을 가려내게 했다.

② 의식 사고 조건(시스템 2)
동영상을 보여준 뒤 거짓말을 한 사람이 있었다고 알려주고, 3분 동안 충분히 생각한 후에 거짓말 동영상을 가려내게 했다.

③ 무의식 사고 조건(시스템 3)
동영상을 보여준 뒤 거짓말을 한 사람이 있었다고 알려주고,

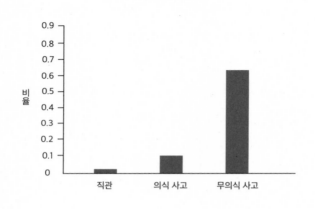

거짓말 감별의 정확성

출처: Reinhard et al., 2013

동영상과 관련 없는 과제를 3분 동안 풀게 한 뒤 거짓말 동영
상을 가려내게 했다.

세 가지 조건에서 거짓말을 감별해낸 정확성을 조사한 결
과, 다른 두 조건과 비교했을 때 무의식 사고 조건에서 뛰어
난 정확성을 보여주었다. 하지만 이 실험에서는 직관 조건에
서 거짓말을 하는 사람이 있다는 사실을 미리 알려준 뒤 거짓
말을 판별하게 했으므로, 동영상을 보는 동안 '거짓말을 하고
있는 게 아닐까' 하고 의심하며 거짓말의 단서를 모았을 가능

성이 있다. 따라서 동영상을 시청한 후에 거짓말을 한 사람이 있다는 사실을 알려준 뒤 곧바로 거짓말 동영상을 가려내게 하는 조건으로 바꾸어 추가 실험을 진행했다. 그 결과, 이번에도 무의식 사고 조건에서 내린 판단이 다른 사고 조건보다 정확한 것으로 나타났다.

정리하면, 거짓말인지 진실인지 판단할 때에는 서둘러 결론을 내리기보다, 일단 결정을 미뤄두었다가 그 문제가 잊혔을 무렵 다시 생각할 때 옳은 판단을 내릴 수 있다.

써드 씽킹하면,
절대 후회하지 않는
선택만 한다

당신은 쇼핑을 할 때 상품 종류가 많은 곳으로 가는가, 아니면 엄선된 소수의 상품만 판매하는 곳으로 가는가. 상품 종류가 많은 것은 상점에나, 고객에나 이점이 많다. 고객은 선택지가 많을수록 자신의 취향에 딱 맞는 상품을 찾을 가능성이 커지고, 많은 것 중 하나를 고른다는 행위 그 자체를 즐길 수도 있다.

하지만 상품 종류가 많은 곳에서 쇼핑하는 것이 '반드시' 만족스러운 결과로 이어진다고 할 수는 없다. 한 연구 결과, 적은 선택지 중에서 상품을 고를 때 오히려 만족도가 높다는 사실이 밝혀졌다.

왜 선택지가 많으면 만족도가 낮아지는 것일까? 바로 '정보 과다' 현상이 일어나기 때문이다. 인간이 의식적으로 생각할 수 있는 정보의 양은 한계가 있다. 정보가 너무 많으면 오히려 스트레스가 되고 머릿속이 복잡해져 좋은 판단을 내리기 어려워진다. 예를 들어, 수많은 상품을 앞에 두고 고민을 거듭한 끝에 하나를 구입해 집에 돌아왔는데, 다시 생각해보니 다른 상품이 더 좋았던 것 같아 후회하는 것이다. 누구나 이러한 경험을 해보았을 것이다.

많은 사람이 다양한 상품이 있는 곳에서 이것저것 비교하고 충분히 고민한 끝에 가장 마음에 드는 상품을 구입하고, 집에 돌아온 후에도 만족할 수 있는 쇼핑을 하고 싶어 한다. 이런 바람도 무의식 사고를 능숙하게 활용함으로써 충족할 수 있다.

피험자에게 여러 종류의 초콜릿 중 하나를 고르게 하는 실험이 시행되었다. 피험자 중 절반은 6종류 중 하나를, 나머지 절반은 24종류 중 하나를 선택하게 했다.

6종류 중 하나를 선택하는 피험자들과 24종류 중 하나를 선택하는 피험자들은 ① 직관 조건(시스템 1), ② 의식 사고 조건(시스템 2), ③ 무의식 사고 조건(시스템 3)에 무작위로 배정되었다. 피험자들은 각 조건에서 가장 마음에 드는 초콜릿 하나를 선택한 뒤, 자신이 선택한 초콜릿에 대한 만족도를 7점 만

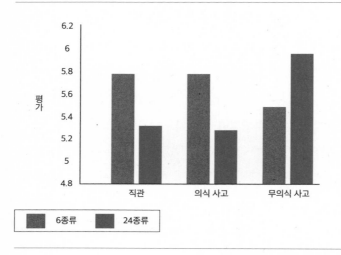

종수별 상품 만족도

평가

직관 / 의식 사고 / 무의식 사고

6종류 24종류

출처: Messner and Wänke, 2011

점으로 평가했다.

과연 결과는 어땠을까? 6종류의 적은 선택지 중에서 하나를 고른 사람은 ① 직관 조건과 ② 의식 사고 조건이 비슷한 정도의 만족도를 보였는데, 둘 다 ③ 무의식 사고 조건보다 높은 만족도를 보였다. 한편 24종류의 많은 선택지 중에서 하나를 고른 사람은 ③ 무의식 사고 조건의 만족도가 다른 조건보다 높았고, 선택지가 적은 경우까지를 통틀어 가장 높은 만족도를 보였다.

즉 무의식 사고를 활용하면 상품 종류가 다양한 곳에서 쇼핑할 때 실패할 가능성이 줄어들 뿐만 아니라, 엄선된 상품 몇 가지만 판매하는 곳에서 쇼핑할 때보다 만족할 수 있게 된다. 한편 상품 종류가 많은 상점을 찾지 못하는 경우에는 직관적으로 결정하거나 충분히 고민함으로써 좋은 선택을 할 수 있다.

정리하면, 상품을 판매하는 곳의 스타일에 맞춰 사고를 다르게 활용하면 어느 경우에나 자신의 만족도를 높일 수 있다.

써드 씽킹하면,
까다로운 요구에
제대로 대응할 수 있다

비즈니스에서도 무의식 사고를 활용할 수 있다. 앞서 복잡한 조건에서의 의사결정은 물론, 인재 채용에서 무의식 사고가 좋은 선택을 이끌어낸다는 사실을 설명했다. 고객의 요구에 맞춰 적절한 제안을 해야 하는 경우에도 무의식 사고가 도움이 된다.

이사할 집을 구하기 위해 부동산에 방문한 고객에게 집을 소개하는 경우를 예로 들어보자. 공인중개사는 고객이 희망하는 가격, 위치, 구조 등 다양한 조건을 들은 뒤 그에 적합한 집을 소개해야 한다. 다양한 조건을 조율해야 하는 만큼 의사결정 과정이 복잡한 경우가 상당수며, 중대한 의사결정인 만큼 까다로운 고객을 상대해야 하는 경우도 많다. 고객의 희망사항에 맞는 무언가를 제공해야 하는 업무는 공인중개사 외에도 자동차 딜러, 헤드헌터 등 다양한 직업에서 요구된다. 그리고 이러한 상황을 능숙하게 헤쳐 나가기 위해 활약하는 것이 바로 무의식 사고다.

이를 분명하게 보여주는 실험이 있다. 피험자에게 공인중개사 역할을 부여하고 가상의 아파트 매물 4건에 대한 정보를 제공했다. 그 후 고객의 희망 사항을 제시하고 어떤 아파트를 고객에게 추천할지 선택하게 했다. 매물에 대한 정보로는 24가지 특징을 준비했다. 그중 15가지는 긍정적인 요소(주변이 조용하다 등), 나머지 9가지는 부정적인 요소(주변이 시끄럽다 등)였다. 고객의 희망 사항은 12가지(주변이 조용할 것, 주차장이 있을 것 등)였고, 모든 사항을 만족하는 아파트는 4개의 매물 중 하나뿐이었다.

피험자들은 ① 직관 조건(시스템 1), ② 의식 사고 조건(시스템 2), ③ 무의식 사고 조건(시스템 3)에 무작위로 배정된 뒤 고객의 희망 사항에 가장 부합한다고 생각하는 아파트를 골랐다. 그 결과, 고객의 모든 요구를 만족시키는 아파트를 고른 비율은 ③ 무의식 사고 조건이 가장 높았다.

이를 통해 우리는 고객의 복잡한 요청에 딱 맞는 제안을 하기 위해서는 직관으로 판단하거나 시간을 들여 신중하게 생각하는 것보다, 무의식 사고를 활용하는 편이 더 좋은 결과로 이어진다는 사실을 알 수 있다.

이뿐만이 아니다. 무의식 사고는 질병을 진단할 때에도 올바른 판단을 내리는 데 도움이 된다는 사실이 과학적으로 검증되었다.

써드 씽킹할 때
뇌는 가장 적극적으로
작동한다

무의식 사고도 '사고'이기 때문에 빠른 사고나 느린 사고처럼 뇌가 실행한다. 앞서 빠른 사고와 느린 사고가 일어나고 있을 때 활성화되는 뇌 영역에 관해 설명한 바 있다. 그렇다면 무의식 사고가 작동할 때 뇌에서는 어떤 일이 일어날까?

실제로 무의식 사고라는 게 있다면, 뇌에서 어떤 현상이 일어날 것이다. 물적 증거(뇌에서 일어나는 현상)가 있다면 '무의식 사고는 분명히 존재한다'라고 말할 수 있지 않을까. 게다가 그것을 담당하고 있는 뇌 영역이 밝혀진다면, 무의식 사고의 메커니즘을 알아낼 수도 있을 것이다.

따라서 나는 '무의식 사고가 일어날 때 뇌의 메커니즘 해명'이라는 어려운 과제에 도전했다. 연구를 진행하면서 무의

신경 재활성화 가설

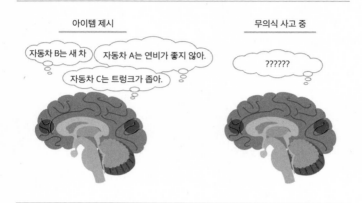

아이템을 제시할 때 일어나는 정보 처리 프로세스는 무의식 사고 중에도 발생한다(재활성화). 즉 아이템을 제시할 때와 무의식 사고가 일어날 때 공통된 뇌 활동이 존재할 것이라는 가설이다.

식 사고와 뇌과학에 관한 연구 논문이 전 세계에 딱 하나 존재한다는 사실을 알게 되었다. 그것은 바로 카네기멜론대학교 신경학자 데이비드 크레스웰David Creswell 연구팀이 시행한 연구다.

크레스웰 연구팀은 무의식 사고를 활용하여 자동차 같은 소비재(아이템)를 평가하는 동안 뇌에서 무슨 일이 일어나는지 최신 뇌 측정 장치 fMRI(기능적 자기공명영상)를 사용해 조사했다. 이 실험을 하며 세운 가설은 무의식 사고의 인지 메커니즘은 신경 재활성화 가설$^{neural\ reactivation\ hypothesis}$로 설명할 수 있다는 것이다. 지금까지 알아보았듯 무의식 사고 실험의 무의식 사고 조건에서는 정보 제시→ 방해 과제(무의식 사고)→ 의사결정이라는 흐름이 있었다.

신경 재활성화 가설이란, 뇌는 정보가 제시된 단계에서 주어진 정보를 처리하기 시작하는데, 그 정보 처리가 방해 과제 중(즉 무의식 사고 중)에도 계속된다는 것이다. 뇌의 재활성화라는 프로세스는 잠을 잘 때처럼 의식적 주의가 쏟아지지 않아도 일어날 수 있다. 이는 지금까지의 뇌과학 연구를 통해 알려진 사실이다. 잠을 푹 자면 기억력이 좋아지고 학습 효율이 높아진다고 하는데, 그와 같은 일이 무의식 사고 중에도 일어난다고 가정한 것이다.

실험 결과, 아이템을 제시하고 있을 때와 무의식 사고 중에 공통적으로 활성화되는 뇌 영역이 있다는 사실이 밝혀졌다. 그것은 바로 '배외측 전전두피질'과 '시각피질'이다. 배외측 전전두피질은 계산이나 생각을 할 때 활성화되는 영역으로, 사고를 담당하는 뇌의 최고 중추다. 또한 시각피질은 문자 그대로 시각 정보를 처리하는 영역이다.

이 연구는 무의식 사고가 의식 사고와는 다른 뇌 영역과

자동차 같은 소비재를 평가할 때 무의식 사고 중의 뇌 활동

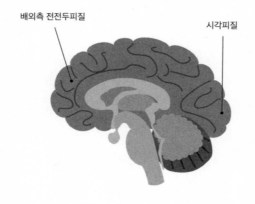

배외측 전전두피질

시각피질

출처: Creswell et al., 2013

관련되어 있다는 사실도 밝혀냈다. 매우 흥미로운 결과이기는 했지만, 나는 이 연구에서 주장하는 '신경 재활성화 가설'에 의문을 가질 수밖에 없었다. 지금까지의 연구 중에는 이러한 가설로 무의식 사고가 일어나는 메커니즘을 설명한 경우가 없어, 기존 연구 결과를 바탕으로 하지 않는 것처럼 느껴졌기 때문이다.

또한 배외측 전전두피질은 '계산하기'와 같은 의식 사고 중에 활성화되는 뇌 영역이라는 점이 많은 연구를 통해 알려져 있어 크레스웰 연구팀의 연구 결과는 '무의식 사고 중에 는 의식 사고와는 다른 인지 메커니즘이 작동하고 있을 것'이 라는 기대에 어긋나기도 했다. 의식 사고 중에 활성화되는 뇌 영역이 특정되었기 때문에 어떻게 보면 모순적이라고 생각 했다.

게다가 크레스웰 연구팀의 연구는 자동차 같은 소비재를 의사결정 대상으로 두었는데, 지금까지 봐왔듯 무의식 사고 는 다양한 의사결정에서 효과가 검증되었다. 따라서 나는 소 비재 평가 이외의 과제를 추가함으로써, 무의식 사고가 관여 하는 뇌 영역은 고정된 것인지, 아니면 과제별로 다른 것인지 를 알 수 있을 것이라는 생각이 들었다.

그렇게 나는 크레스웰 연구팀의 연구를 참고하며 문제점 을 개선해 실험을 진행했다. 먼저 무의식 사고의 인지 메커 니즘으로서 전체론적 표상 가설holistic representation hypothesis을 세 웠다. 이는 내가 독자적으로 만든 가설이 아니라, 지금까지의 무의식 사고 연구에서 주장되어온 가설이다.

자세한 내용은 제4장에서 다루겠지만, 무의식 사고 중에 는 다양한 형태로 정보 통합이 이루어지는 것으로 알려져 있 다. 개개의 정보가 아니라 전체 정보를 바탕으로 사고가 일어

전체론적 표상 가설

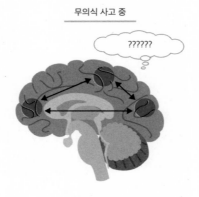

무의식 사고 중

??????

아이템 제시 시기와 상관없이 무의식 사고 중에는 다양한 형태로 정보 통합이 일어난다고 가정한다.

나며, 각 정보의 중요성을 평가하는 처리가 무의식 사고 중에 적극적으로 일어난다고 가정한다. 즉 대량의 정보를 처리하며 가치 판단을 시행한다는 점에서 전체론적 표상이라 불리는 것이다.

나는 자동차 같은 소비재를 평가하는 과제와 인물 평가 과제를 모두 실험에 활용했다. 인물 평가 과제를 추가함으로써 의사결정 대상별로 뇌의 메커니즘을 비교할 수 있게 되었다. 무의식 사고에는 개인차가 있다는 점에 근거하여 무의식 사고를 활용해 훌륭한 선택을 할 수 있는 사람의 무의식 사고 중 뇌 활동을 fMRI로 조사했다.

그 결과, 놀랄 만한 사실을 발견할 수 있었다. 소비재 평가 과제와 인물 평가 과제에서 무의식 사고 중에 '쐐기앞소엽'이라 불리는, 추상적 개념이나 가치와 연관된 뇌 영역이 활성화되었던 것이다.

무의식 사고 중의 뇌 활동

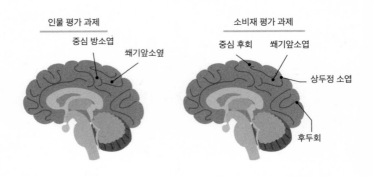

출처: Kageyama et al., 2019

인물 평가 시에는 무의식적으로 사람의 좋고 싫음을 판정하고, 소비재 평가 시에는 실제로 사용하고 있는 것처럼 시뮬레이션을 할 가능성이 있다.

쐐기앞소엽은 다양한 뇌 영역과 기능적으로 관련된다는 점에서 '허브' 영역이라고 알려져 있다. 다양한 뇌 영역에서 온 정보를 전체적으로 통합하는 영역이다.

또한 인물 평가 과제에서 방해 과제 중 뇌 활동을 확인한 결과, 무의식적으로 사람의 좋고 싫음을 판정할 가능성이 크다는 것을 알 수 있었다. 한편 소비재 평가 과제에서 무의식 사고 중 뇌 활동을 통해서는 제시된 소비재의 입체적인 이미지를 만들고, 그것을 사용하고 있는 것처럼 시뮬레이션했을 가능성이 시사되었다.

즉 무의식 사고 중에 뇌에서는 정보 통합이나 가치 판단이 일어나고 있을 가능성이 크다는 점을 알게 된 것이다. 이는 전체론적 표상 가설에 꼭 들어맞는 결과다. 이 실험 결과로부터 무의식 사고는 선택이나 평가 대상에 따라 사용하는 뇌 영역이 다르고, 무의식 사고가 발생하는 프로세스도 대상에 따라 다르다는 것을 알 수 있었다.

한편 나의 실험 데이터로 신경 재활성화 가설을 검증하려고 시도했지만, 유의미한 뇌 활동은 검출되지 않았다. 무의식 사고 중에는 적극적인 정보 통합이 일어나고 있는 것으로 짐작된다.

무의식 사고는 다양한 과제에서 효과가 검증되었지만, 인지 메커니즘에 대해서는 현재 전 세계에서 두 가지 연구밖에 이루어지지 않았으므로 아직 가설 단계다. 무의식 사고를 이용해 거짓말을 간파할 때, 수많은 선택지 중 한 가지 상품을 고를 때, 고객의 까다로운 요청에 대응할 때 뇌에서 어떤 일이 일어나고 있는지 현재 시점에서는 알 수 없다.

따라서 다른 과제에서도 인지 메커니즘을 해명하지 않는 한, 무의식 사고의 전모를 밝혀내기는 어렵다. 하지만 두 가지뿐이긴 해도, 두 연구에서 모두 무의식 사고 중 인지 메커니즘에 관한 뇌 활동이 검출되었기 때문에 무의식 사고 중에 적극적인 '사고'가 일어나고 있다는 가설은 꽤 신빙성 있다고 생각한다.

제4장

최신 뇌과학에서 밝혀낸 제3의 사고법, 써드 씽킹

사고의 두 가지 모드,
의식 사고 vs
무의식 사고

        당신은 '사고'라는 단어를 들으면 가장 먼저 무엇이 떠오르는가. 대부분의 사람이 '곰곰이 생각한다'라는 의식 사고를 떠올릴 것이다. 사고란 의식 사고의 일종이라는 것이 그동안 우리가 공통적으로 가진 인식이었다. 하지만 지금까지 이 책을 읽은 당신은 무의식 사고라는 모드도 있다는 사실을 깨달았을 것이다. 그렇다. 사고에는 의식 사고와 무의식 사고, 두 가지 모드가 존재한다.

  '다음 휴가는 바다로 가는 것이 좋을까, 산으로 가는 것이 좋을까' 고민 중이라고 가정하자. 이때 '바다로 가면 수영도 할 수 있고, 각종 해산물도 마음껏 먹을 수 있겠지? 산으로 가면 운동이 돼서 좋긴 하지만 이번 휴가는 휴식이 목표니까 아무래도 바다가 더 좋겠어!'라고 충분히 고민한 뒤 바다로 가기로 결정했다면, 이것은 의식 사고를 활용해 의사결정을 내린 것이다. 한편 여러 조건을 대강 파악한 뒤 고민을 멈추고 결정을 잠시 미루었는데, 다음 날 '역시 산으로 가는 게 좋겠어!'라는 생각이 번뜩 떠올랐다면, 그 순간은 의식적인 것이지만 거기에 이르는 과정은 무의식적이라고 할 수 있다.

즉 문제에 '주의'를 기울이는지, 기울이지 않는지에 따라 의식 사고와 무의식 사고로 나뉜다. 의식 사고는 문제에 상당한 주의를 기울일 필요가 있는 반면, 무의식 사고는 문제에 주의를 기울이지 않고 문제와 상관없는 대상에 주의를 기울이는 시간을 필요로 한다.

인간의 사고에 대해 생각할 때 의식 사고와 무의식 사고, 두 가지 모드가 있다는 점을 인식하는 것은 매우 중요하다. 대상에 주의를 기울이고 있는지의 여부에 따라 두 가지 사고 모드로 나뉜다고 했는데, 그렇다고 해서 두 가지 사고가 서로 관련이 없는 것은 아니다. 의식 사고가 의식적 프로세스에서만 구성된다고는 할 수 없기 때문이다.

예를 들어, 우리가 이야기할 때 그 자체는 의식적인 것이다. 하지만 '이야기한다'라는 행동의 배경에서는 문법, 단어 선택 등 무의식적인 활동이 많이 일어난다. 이렇게 의식적 프로세스와 무의식적 프로세스가 동시에 일어날 수 있다. 지금부터 무의식 사고를 깊이 이해하기 위해 무의식 사고가 가진 다섯 가지 특징을 알아보도록 하겠다.

써드 씽킹의 힘 1
정보 처리 용량에
제한이 없다

의식 사고와 무의식 사고의 큰 차이점 중 하나는 전자가 정보 처리에 제약이 있다는 점이다. 즉 의식적으로 다룰 수 있는 정보량에 한계가 있다. 다음 주제에 대해 의식적으로 동시에 생각해보자.

오늘 저녁 식사 메뉴

이번 주말에 놀러 갈 장소

지금 갖고 싶은 것

어떤가? 각각, 또는 순서대로 생각할 수는 있어도 모든 것을 동시에 생각하기란 불가능할 것이다. 의식 사고는 이렇듯 한정적이어서 한 번에 하나밖에 생각하지 못한다. 참고로 인간이 의식적으로 처리할 수 있는 정보량은 10~60비트/초라고 한다. 지금 당신이 이 문장을 읽고 있는 동안, 뇌에서는 45비트/초 정도의 정보 처리가 일어나고 있다고 볼 수 있다. 한편, 인간의 총정보 처리량은 1,120만 비트/초라고 한다. 시각 시스템에서만 1,000만 비트/초의 정보가 처리될 수 있다(이 수치에 대해서는 다양한 의견이 있으므로 이 책에서 제시한 근사값은 참고만 하기 바란다).

여기서 주목해야 하는 것은 의식적으로 처리되는 용량이 매우 작다는 점이다. 의식적 사고에서 사용할 수 있는 용량이 인간의 정보 처리 시스템에서 차지하는 비율은 소수에 지나지 않는다.

인간이 한 번에 기억하고 바로 생각해낼 수 있는 수는 한계가 있는 것으로 알려져 있다. 그 용량이 얼마나 작은지 보여준 연구에서는 인간이 순간적으로 기억할 수 있는 수가 7개 전후라는 사실을 밝혀냈다. 이를 심리학 용어로 '매직 넘버 7'이라 한다.

지금 당신 옆에 있는 사람에게 내가 전혀 알지 못하는 사람의 휴대폰 번호를 말해달라고 해보자. 휴대폰 번호는 11자리이므로, 딱 한 번 들어서는 바로 외우기 어렵게 느껴질 것이다. 의식 사고는 처리 용량의 제약 때문에 정보량이 많아지면 제대로 기능을 하지 못한다.

하지만 무의식 사고의 정보 처리 용량은 의식 사고에 비해 월등히 크다. 이것이 바로 무의식 사고의 첫 번째 특징이다. 연구자들은 이를 증명하기 위해 다음과 같은 실험을 시행했다. 피험자에게 가상의 아파트 4채에 대한 특징을 각각 15가지씩 제시하고, 가장 좋은 아파트를 고르라고 요청했다. 4채 중 단 1채만이 특히 우수한 아파트였다. 앞서 소개한 연구들과 마찬가지로 피험자들은 다음 세 가지 조건에 무작위로 배정되었다.

① 직관 조건(시스템 1)

아파트에 대한 정보를 제시한 후 곧바로 선택하게 했다.

② 의식 사고 조건(시스템 2)

아파트에 대한 정보를 제시한 후 3분 동안 생각할 시간을 준 뒤 선택하게 했다.

아파트에 대한 정보를 제시한 후 방해 과제를 제공하고, 그것을 끝내고 난 뒤 선택하게 했다.

과연 어떤 결과가 나타났을까? 가장 좋은 아파트를 올바르게 선택한 비율을 확인해보니 ① 35퍼센트, ② 47퍼센트, ③ 59퍼센트, 무의식 사고 조건(시스템 3)의 피험자가 다른 사고 조건의 피험자보다 정확한 선택을 내렸다.

나아가 각 그룹의 피험자가 어느 정도의 정보량을 바탕으로 결정을 내렸는지 알아보기 위해 추가로 다음과 같은 질문을 던졌다.

1) 한두 가지 특정 정보를 바탕으로 판단했는가?
2) 전체 정보를 고려해 판단했는가?

그 결과, 2) 전체 정보를 고려해 판단했다고 답한 피험자는 ① 42퍼센트, ② 27퍼센트, ③ 56퍼센트, 무의식 사고 조건(시스템 3)에서의 비율이 다른 조건보다 높았고, ②의 피험자 중 70퍼센트 이상이 한두 가지 특정 정보를 바탕으로 판단을 내렸다는 사실을 알 수 있었다.

우리는 이 실험을 통해 더 많은 정보를 바탕으로 판단을 내리는 쪽이 더욱 올바르고 정확한 선택을 할 수 있다는 사실을 알 수 있다. 그리고 의식 사고에서는 취급하지 못하는 큰 용량의 데이터를 취급할 수 있는 무의식 사고는 정보를 처리할 때 그 힘을 충분히 발휘할 것이라 예측할 수 있다.

써드 씽킹의 힘 2
중요도에 따른
정확한 평가가 가능하다

무의식 사고의 두 번째 특징은 '가중치 평가'가 가능하다는 점이다. 가중치란, 각 평가 항목의 중요도에 점수를 부여해 종합적으로 평가하는 방법이다. 한마디로 의사결정에 관련된 정보 중 무엇이 중요하고, 무엇이 중요하지 않은지를 적절하고 정확하게 평가하는 것이다. 가중치 평가를 제대로 하지 못해 잘못된 선택을 하는 경우가 종종 있다.

예를 들어, 회사에서 채용 면접을 할 때 의사소통 능력과 정직성을 중시한다는 방침이 있음에도 불구하고, 지원자의 외모나 학력 등 다른 조건에 매력을 느껴 회사 방침을 따르지 않고 채용을 결정하는 경우가 있다. 그런데 막상 일을 시켜보니 의사소통 능력이 떨어지고 자기중심적이어서 오히려 짐스러운 사원으로 전락하기도 한다. 이 사례는 잘못된 가중치 평가 때문에 발생한 실패임이 분명하다. 이렇듯 의식 사고는 편향된 선택을 하기 쉽다.

한 연구에서 피험자에게 예술성이 뛰어난 포스터를 선택하게 하는 실험을 시행했다. 피험자를 두 그룹으로 나누어 한 그룹에는 포스터를 고른 이유를 상세하게 설명해달라고 요구했고, 다른 한 그룹에는 특별히 설명을 요구하지 않았다. 몇 주 뒤 각 그룹을 대상으로 자신이 선택한 포스터에 대한 만족도를 조사한 결과, 설명을 요구받지 않았던 그룹의 만족도가 높은 것으로 나타났다.

의식 사고는 쉽게 이해되는 것, 그럴듯해 보이는 것, 말로 표현하기 쉬운 것에 가중치를 잘못 부여해 편향된 선택을 하는 경향이 있어 이러한 만족도 차이가 나타난 것으로 보인다.

다른 연구자들은 이 가설을 검증하기 위한 실험을 시행했다. 피험자에게 5장의 포스터 중 1장을 선택해 집에 가져가라고 한 뒤 다음과 같이 세 그룹으로 나누었다.

① 직관 조건(시스템 1)

포스터를 잠깐 보고 곧바로 가장 마음에 드는 1장을 골라 가져가게 했다.

② 의식 사고 조건(시스템 2)

포스터마다 90초(총 450초) 동안 생각할 시간을 주었다. 그리고 각 포스터에 대한 생각을 메모하게 한 뒤 가장 마음에 드는 1장을 골라 가져가게 했다.

③ 무의식 사고 조건(시스템 3)

포스터를 대강 훑어보게 한 뒤 450초 동안 포스터 선택과 전혀 상관없는 방해 과제를 제시했다. 그 후 가장 마음에 드는 1장을 골라 가져가게 했다.

몇 주 후 실험자는 각 피험자에게 전화를 걸어 자신이 선택한 포스터에 얼마나 만족하고 있는지 물었다. 그 결과, 무의식 사고 조건 피험자의 만족도가 가장 높게 나타났다.

더욱 재미있는 결과도 있다. 피험자에게 자신이 고른 포스터를 얼마에 팔고 싶은지 묻자, 무의식 사고자는 의식 사고자보다 평균 2배 높은 가격을 매겼다. 이를 통해 무의식 사고 중에는 여러 속성의 상대적인 중요성에 대해 자연스럽게 평가 수 있다는 사실을 알 수 있다. 그 덕분에 편향에 사로잡히지 않고, 더욱 정확한 선택을 할 수 있는 것이다.

써드 씽킹의 힘 3
편향된 선택을
하지 않는다

인간의 정보 처리 방식에는 상향식 처리와 하향식 처리가 있다. 먼저 하향식 처리란, 이미 가지고 있는 지식을 바탕으로 보고 듣고 읽은 것을 이해하는 방식이다. 예를 들어 '혈액형별로 성격이 다르다'라는 가설을 가진 사람은 A형이라는 말을 들으면 '성실한 타입이구나', O형이라는 말을 들으면 '대범하겠군' 하고 혈액형만으로 그 사람의 성격과 특징을 예측한다. 이때 상대의 실제 언행은 배제된다.

한편 상향식 처리란, 보고 듣고 읽은 것에 대해 각각을 구성하는 요소를 따로따로 분석하고 인식하는 방식이다. 예를 들어 사람의 성격이나 특징을 예측할 때 혈액형이나 외모에 사로잡히지 않고 말이나 행동을 주시하며 시간을 들여 고민한다. 물론 상향식 처리가 하향식 처리보다 시간은 오래 걸리지만 편향되진 않는다.

의식 사고는 하향식 처리를 하고, 무의식 사고는 상향식 처리를 한다. 이는 실험을 통해 검증되기도 했다. 우리는 어느 나라의 민족성에 대해 정형화된 견해, 즉 고정관념을 가지고 있다. 한 연구자가 네덜란드인 피험자를 대상으로 가상 인물의 인상을 평가하는 실험을 시행했다. 이 인물은 네덜란드에 사는 소수민족으로, 대부분의 네덜란드인이 그 소수민족에 대해 비슷한 인상을 가지고 있다.

인물의 성격 특징은 모두 24가지로, 그중 12가지는 정형화된 특징(사교성 등), 여섯 가지는 정형화되지 않은 특징(지성 등), 나머지 여섯 가지는 어디에도 속하지 않는 중립적인 특징이었다. 이러한 특징을 모니터에 7초씩 무작위로 보여준 뒤 피험자는 의식 사고 조건과 무의식 사고 조건에 배정되었다. 의식 사고 조건에서는 제시된 인물에 대해 7분 동안 생각한 뒤 인물의 인상이 어떤지 답하도록 했고, 무의식 사고 조건에서는 7분 동안 인상 형성과 전혀 상관없는 과제를 하게 한 뒤 인물의 인상이 어떤지 답하도록 했다.

과연 어떤 결과가 나왔을까? 의식 사고자는 무의식 사고자보다 정형화된 특징을 바탕으로 인물을 판단했다.

의식 사고에서는 사전 지식이나 기대에 영향을 받기 때문에 편향된 정보 처리가 일어나기 쉽다. 그리고 자칫하면 결론을 정해둔 상태로 사고하기 쉽다. '결론은 이럴 거야'라는 자신의 믿음을 알아채지 못한 채 생각할 때가 있다는 의미다. 한편 무의식 사고에서는 시간은 걸리지만 방대한 양의 정보를 처리하고 통합해 정보 처리가 일어난다. 그 결과, 치우침 없는 더욱 정확한 결론을 도출한다.

써드 씽킹의 힘 4
아이디어가 필요한 순간
빛을 발한다

지금까지 소개한 무의식 사고의 특징은 선택, 그리고 의사결정과 관련된 것이었다. 이번에 알아볼 무의식 사고의 네 번째 특징은 창의성과 밀접한 관련이 있다.

창의적 사고에는 '수렴적 사고'와 '발산적 사고'가 있다. 먼저 수렴적 사고는 주어진 정보를 바탕으로 논리적으로 추론하여 답을 도출하는 사고로, 유일한 해답이 있는 계산 문제를 풀 때 필요하다. 한편 발산적 사고는 주어진 정보를 바탕으로 이런저런 궁리를 하며 창의적인 무언가를 만들어낼 때 필요한 사고다.

일본인은 학교에서 상당한 시간을 들여 수렴적 사고를 배운다. 반대로 발산적 사고는 거의 배우지 않는데, 사회에 진출하면 갑자기 발산적 사고를 활용하라는 요구를 받아 당황하는 사람이 적지 않다.

수렴적 사고와 발산적 사고를 다룬 비즈니스 도서가 많이 출간되어 있어 그 개념이 새롭지는 않을 것이다. 하지만 이 두 가지 사고를 구분해 활용하는 법까지 설명한 책은 쉽게 찾을 수 없다. 그도 그럴 것이 지금까지의 사고법에는 중요한 것이 빠져 있었다. 그것은 바로 수렴적 사고는 의식 사고에, 발산적 사고는 무의식 사고에 대응된다는 점이다. 즉 신선한 아이디어를 내고 싶다면, 아무도 생각해내지 못할 발상을 하고 싶다면 무의식 사고를 활용해야 한다.

무의식 사고가 창의성을 향상시킨다는 사실을 밝혀낸 연구가 있다. 피험자는 새로 개발한 파스타에 어울리는 이름을 최대한 많이 만들어보라는 지시를 받았다. 그리고 구체적인 예로 알파벳 'i'로 끝나는 파스타 이름을 5개 알려주었다. 피험자는 다른 실험에서와 마찬가지로 세 가지 조건에 무작위로 배정되었다.

① 직관 조건(시스템 1)

1분 동안 생각할 시간을 준 뒤 새로운 파스타의 이름을 떠오르는 만큼 쓰도록 지시했다.

3분 동안 생각할 시간을 준 뒤, 1분 동안 새로운 파스타의 이름을 떠오르는 만큼 쓰도록 지시했다.

방해 과제를 3분 동안 하게 한 뒤, 1분 동안 새로운 파스타의 이름을 떠오르는 만큼 쓰도록 지시했다.

그리고 나서 피험자가 작성한 파스타의 이름이 몇 개인지 ①, ②, ③의 결과를 비교했다. 참고로, 피험자가 작성한 이름 중에 이미 존재하는 것은 제외했다. 그리고 작성된 파스타의 이름 중 'i'로 끝나는 것을 수렴적 사고, 그 외의 이름은 발산적 사고로 분류했다.

분석 결과를 통해 알게 된 사실은 수렴적 아이템이 발산적 아이템보다 많이 작성되었다는 것이다. 또한 사고 조건별로 비교했을 때 ③ 무의식 사고 조건(시스템 3)에서는 발산적 아이템을 더 많이 만들어낸 데 비해, ① 직관 조건(시스템 1)과 ②

의식 사고 조건(시스템 2)에서는 수렴적 아이템을 더 많이 만들어냈다는 사실도 알 수 있었다. 즉 의식적으로 새로운 파스타의 이름을 생각하려고 하면 흔한 것만 떠오르는 반면, 무의식 사고를 활용하면 더욱 참신한 이름을 만들어낼 수 있다는 뜻이다.

요약하면, 의식 사고는 사전 정보에 영향을 받기 쉽지만, 무의식 사고는 사전 정보에 영향을 받지 않고 창의성을 더욱 발휘할 수 있다. 이 차이를 잘 익혀두면 창의성을 요구받기 쉬운 비즈니스 현장에서 도움을 받을 수 있다.

상사에게서 신규 사업을 제안하라는 지시를 받았다고 가정하자. 이때 과거에 실시한 사업을 조사하는 것은 일견 타당한 수순으로 생각되겠지만, 오히려 과거 정보에 영향을 받아 비슷비슷한 신규 사업밖에 제안할 수 없게 된다. 신규 사업 제안을 지시하는 이면에는 '잘 생각해봐'라는 의식 사고를 권유하는 듯한 상사의 메시지가 암묵적으로 깔려 있기 때문에 창의성을 발휘하기가 더욱 어렵다. 이럴 때야말로 무의식 사고가 나서야 한다!

이렇게 말해도 백지 상태에서 시작하는 것이 어려워 어떻게든 과거 사례를 찾아보는 사람이 있을 것이다. 하지만 그런 경우에도 의식 사고보다 무의식 사고가 창의성을 발휘하는 데 도움이 된다는 사실을 확인했으니 의식적으로 무의식 사고를 활용하기 바란다.

무의식 사고를 활용하면
숨겨진 능력이
발휘된다

지금까지 무의식 사고의 다섯 가지 특징을 살펴보았다. 제한된 정보를 가지고 정확한 판단을 내릴 때, 단순한 사안을 결정할 때에는 의식 사고를 활용하는 것이 적절하다. 한편, 복잡한 선택을 할 때에는 정보 처리량이 방대한 무의식 사고가 정확한 선택을 하는 데 도움이 된다. 무의식 사고는 시간이 걸리기는 하지만 대량의 정보에 적절한 가중치를 부여하고 편향이 없는 평가를 내릴 수 있기 때문이다.

앞서 수렴적 사고 위주인 의식 사고보다 발산적 사고 위주인 무의식 사고가 창의성을 발휘하는 데 더욱 도움이 된다고 이야기했다. 즉 무의식 사고는 창의성을 향상시킨다. 이것은 나아가 인간의 숨겨진 능력을 꽃피우게 해주는 것으로 이어진다. 비즈니스에서 숨겨진 능력을 꽃피운다는 것은 쉽게 말해, 전례 없는 아이디어를 낼 수 있다는 뜻이다.

우산은 부러지면 쓸 수 없지만 일부러 부러뜨려 가지고 다니기 쉽게 만든 3단 우산이 발명되었다. 이렇듯 무의식 사고를 활용하면 작은 변화로 세상을 크게 바꾸는 혁신을 일으킬 수 있다.

그런데 이런 이야기를 하면, "창의성 같은 건 소수의 사람에게만 주어진 천부적인 재능이야"라며 처음부터 포기하는 사람이 많다. 저명한 예술가나 소설가, 과학자, 이름이 알려진 경영자들은 선천적으로 뛰어난 능력을 가지고 태어난 것처럼 보이는데, 그중에는 다른 사람보다 무의식 사고를 아주 잘 활용해 성공한 사람도 있다.

저명한 인물들이 남긴 글이나 말을 살펴보면, 무의식 사고를 활용한 듯한 부분이 꽤 발견된다. 지금부터 역사적 인물들이 남긴 말을 통해 그들이 눈앞의 문제를 어떻게 창의적으로 해결했는지 살펴보자.

35년이라는 짧은 생애 동안 1,000곡에 가까운 명곡을 세상에 내놓은 천재 음악가 모차르트는 이런 말을 남겼다.

"나는 식사 후에 산책을 할 때, 혼자서 잠 못 드는 밤에 악상이 가장 많이 떠오른다. 하지만 그것이 어디에서 어떻게 오는지는 모른다."

물론 머릿속에 떠오른 선율을 악보에 옮기고 멋진 곡으로 완성할 수 있었던 것은 모차르트의 풍부한 지식과 탁월한 재능 덕분이다. 한편 모차르트의 말을 통해 그가 아름다운 선율을 떠올린 순간의 느낌이 무의식 사고가 일어날 때와 매우 비슷하다는 사실을 알 수 있다.

〈백조의 호수〉, 〈잠자는 숲속의 미녀〉, 〈호두까기 인형〉, 등 수없이 많은 명곡을 남긴 인물, 또 한 명의 천재 음악가 표트르 일리치 차이코프스키Pyotr Ilyich Chaikovcky는 이런 말을 남겼다.

"새로운 곡의 씨앗이 싹을 틔우는 순간은 언제나 다른 무언가를 하고 있을 때다."

이 말이 어떤 의미를 담고 있는지는 굳이 설명할 필요가 없을 듯하다. 차이코프스키 역시 무의식 사고를 활용해 아름다운 곡들을 만들었음을 짐작할 수 있다.

앙리 푸앵카레Henri Poincare 역시 비슷한 말을 했다. 그는 수학자이자 물리학자이자 천문학자로, 많은 위업을 달성한 인물이다. 특히 '토폴로지'라는 새로운 수학 개념을 발견하고,

'푸앵카레 추측'을 제기한 것으로 유명하다. 푸앵카레는 하나의 증명 문제를 풀기 위해 15일 동안 책상 앞에 앉아 씨름했지만, 결론에 이르지 못한 적이 있다. 그런데 평소에 즐기지 않던 커피를 마신 탓에 잠들지 못한 어느 날 밤, 몇 가지 아이디어가 구름처럼 몰려와 증명 문제를 푸는 실마리를 얻을 수 있었다고 한다.

푸앵카레가 지질학 조사 여행을 떠났을 때의 에피소드도 유명하다. 수학과 관련된 것은 전혀 생각하고 있지 않던 그는 프랑스 쿠탕스에서 마차에 올라타는 순간, 어떤 증명 문제를 해결할 때 사용했던 변환이 비유클리드 기하학의 변환과 동일하다는 사실을 알아차렸다고 한다.

푸앵카레는 오전 10시부터 2시간, 오후 5시부터 2시간, 하루에 총 4시간만 수학에 관련된 일을 한 것으로 전해진다. 이를 통해 그가 자기도 모르게 무의식 사고를 활용하는 방법을 알고 있었을 것이라 짐작할 수 있다. 하루 4시간 동안 일하는 것이 중요했다면 오전 10시부터 오후 2시까지 이어서 일하는 시간을 가져도 됐기 때문이다. 하지만 그는 그렇게 하지 않았다. 중간에 수학과 관련 없는 일을 하는 시간을 가졌다. 그것이야말로 그가 무의식 사고를 활용해 위대한 업적을 달성했다는 증거가 아닐까?

사실 이러한 생각이 모두 추측에 지나지 않는다고 지적한 다면 그 역시 맞는 말이고, 역사적으로 위대한 작곡가나 수학 자의 이야기는 평범한 자신의 삶에 아무런 도움이 되지 않는 다고 생각하는 사람들도 있을 것이다. 그런 사람들에게 소니 의 창업자 모리타 아키오盛田昭夫의 말을 소개하고 싶다.

모리타는 일본 최초의 테이프 리코더와 트랜지스터 라디 오, 워크맨을 수출해 소니를 일본을 대표하는 세계적인 브랜 드로 성장시킨 인물이다. 특히 이동하면서 음악을 들을 수 있 는 워크맨은 말로 표현할 수 없을 정도로 폭발적인 반응을 일 으켰는데, 그 제품을 생각해낸 사람이 바로 모리타다. 혁명이 라고까지 할 수 있는 제품을 만들어낸 원천인 창의성에 대해 그는 이런 말을 남겼다.

"기계나 컴퓨터는 새로운 것을 창조할 수 없다. 창조에는 기존의 정보를 처리하는 것 이상의 무언가가 필요하기 때문 이다. 새로운 것을 만들어내는 데에는 인간의 사고, 번뜩임, 그리고 많은 용기가 필요하다."

맞는 말이다. 모리타는 기계적인 정보 처리만으로 새로운 것을 창조하기란 불가능하다고 분명히 밝혔다. 또한 기존의

정보 처리 이상의 무언가, 즉 인간의 사고나 번뜩임 같은 것
이 필요하다고 단언했다. 여기서 말하는 '정보 처리 이상의
무언가'란 논리적·합리적, 또는 의식적 사고를 가리키는 것
이 아닐 것이다. 그것은 기존의 의식을 넘어선 무의식적인 무
언가일 것이다. 또한 번뜩임이란 무의식 사고의 결과로 얻은
영감 같은 것이라 생각한다.

앞서 빌 게이츠와 스티브 잡스가 한 말을 소개했다. 둘 다
직관의 중요성을 보여주는 사례였는데, 그들이 사용한 '직관'
이라는 표현 뒤에 무의식 사고가 존재했을 가능성을 부정할
수 없다. 직관과 무의식 사고 모두 번뜩이는 순간에는 비슷
하게 느껴질 때가 있다. 무의식 사고의 존재를 아예 모른다
면, 아이디어가 갑자기 떠올랐을 때 그것을 '직관'이라고 생
각할 수도 있기 때문이다. 직관적으로 떠오른 아이디어는 사
실 무의식적으로 계속 사고했기에 나타난 것일 수도 있다.
특히 늘 정보를 수집하고 있는 경영자에게 그런 일은 충분히
가능하다.

앞서 일본인은 논리적·합리적 사고에 치우치기 쉽다고 이
야기했다. 그것이 무조건 나쁘다는 것은 아니다. 하지만 획기
적인 아이디어를 내기 위해서는 무의식 사고를 빼놓을 수 없

다. 무의식 사고를 능숙하게 활용할 수 있게 되면, 일상생활이나 비즈니스에서 자신의 능력을 아낌없이 발휘할 수 있을 것이다.

제5장

써드 씽킹의 효과가
극대화되는
다섯 가지 활용법

THIRD THINKING

활용법 1
써드 씽킹의
궁극의 포인트 세 가지

한 대학 교수가 학생들에게 진학하고 싶은 학부나 학과를 결정하는 데 시간이 얼마나 걸렸는지 물어보았다. 그 결과, 몇 시간 만에 결정했다고 답한 학생이 있는가 하면, 1년 이상 걸렸다고 답한 학생도 있었다. 대부분은 몇 개월 이내라고 했다.

전공을 결정할 때에는 일반적으로 후보를 두세 개로 좁힌 뒤 어느 쪽을 선택할지 고민하는 방식을 취한다. 예를 들어 '공대는 취업하는 데 유리할지 몰라도 그다지 재미있을 것 같지 않아', '인문대는 흥미롭긴 하지만 취업하기가 힘들 거야'라고 생각할 것이다. 학교 위치, 학비 등의 조건을 바탕으로 A대학이 좋을지, B대학이 좋을지 고민하기도 할 것이다.

고민에 고민을 거듭해도 쉽게 결정하기 어려워 문제를 잠시 덮어놓았는데, 며칠 뒤 갑자기 '그래! 역시 A대학 경제학부가 좋겠어!' 하는 생각이 번뜩 떠오를 수도 있다. 이것이 바로 무의식 사고를 활용한 좋은 예다. 문제를 덮어놓고 있는 동안, 놀고 있는 동안, 식사하는 동안 우리의 무의식이 대신 고민해주고 있는 것이다.

나 역시 일상생활이나 업무에서 무의식 사고를 활용하고 있다. 연구자의 주요 업무는 논문을 작성하거나 실험 계획을 세우는 일이다. 나는 논문 작성이나 실험 계획을 위한 정보를 머릿속에 대강 집어넣은 뒤 일을 하고 싶은 마음이 들 때까지 내버려둔다. 일하고 싶은 마음이 드는 그 순간, 의지가 생기는 바로 그 순간이 무의식 사고가 답을 건네주는 임계점이라고 생각하기 때문이다. 그런 순간 기발한 아이디어나 신선한 발상이 떠오르는 법이다.

내 주변에는 연구 주제와 관련된 정보를 머릿속에 집어넣은 뒤 "한잔하러 가자!"라고 외치는 사람도 있다. 그렇게 하는 편이 좋은 아이디어를 내는 데 도움이 된다는 사실을 알고 있기 때문에 의식적으로 무의식 사고를 활용하는 것이다.

논문 외 글 쓰는 작업을 할 때에도 마찬가지다. 독자들에게 읽히기 위한 문장을 쓰는 건 쉬운 일이 아니다. 어떤 단어를 선택해야 하는지, 어떻게 표현해야 메시지가 잘 전달될지 고민에 고민을 거듭해야 한다. 그럴 때야말로 무의식 사고가 나서야 한다. 노벨문학상을 수상한 헤밍웨이는 생각을 잠재우는 과정의 유용성에 대해 이렇게 말했다.

"나는 다음 날 글짓기를 다시 시작하기 전까지 쓰고 있는 글에 대해 생각하지 않는다. 그렇게 하면 나의 잠재의식이 글에 대해 생각해주기 때문이다."

그는 창의적인 일을 하는 사람들 대부분이 '생각 잠재우기'를 인식하고 있다고 했다. 예를 들어 겉으로는 친구와 대화를 나누고 있을 때조차 무의식에서는 냄비 속 음식이 보글보글 소리를 내며 졸아들 듯, 그때까지 생각하고 있던 것에 대해 어떤 작용이 일어나고 있다는 뜻이다. 나도 이 책을 쓰며 이러한 접근법을 활용했다. 집필에 몰두할 때 외에는 가능하면 이 책의 내용을 생각하지 않으려 했다. 그러자 신기하게도 꼭 써야 할 내용에 대한 아이디어가 샘솟았다.

나는 여행지를 정하거나 항공권을 예매할 때에도 무의식 사고를 활용한다. 여행을 가려고 마음먹어도 가고 싶은 곳이 너무 많아 '어디로 갈 것인가'를 정하는 데만 며칠이 걸릴 때가 있다. 게다가 언제 갈 것인지, 어떤 여행사의 어떤 상품을 선택할 것인지, 예산은 얼마로 잡을 것인지 등 검토할 사항은 차고 넘친다. 그럴 때에는 여행 후보지를 두세 군데로 좁히고, 각 지역의 정보를 대강 조사한 뒤 생각을 잠재운다.

항공권을 예매할 때에도 마찬가지다. 국내 도시를 오가는 여행이라면 크게 고민할 것 없지만, 다른 나라로 가는 것이라면 항공사, 비행 루트, 환승 유무 등 고려해야 할 사항이 늘은 난다. 숙박을 포함한 상품도 있어 예산에 맞춰 생각하는 것은 꽤 귀찮다. 그럴 때에도 후보를 몇 가지로 좁힌 뒤 머릿속에 내버려둔다. 그러고 나서 몇 시간 혹은 며칠이 지난 뒤 문득 '이거다!' 하고 느낌이 오는 것이 최선의 선택이 되기도 하는 법이다.

나는 무의식 사고의 존재를 알고 난 후부터 한층 더 호기심을 가지고 정보를 모으기 시작했다. 그러고 나서 머릿속에 내버려두면 무의식이 알아서 정보를 처리하고 최고의 답, 또는 번뜩임을 선사해줄 것임을 알고 있기 때문이다. 나는 그러한 번뜩임의 순간을 놓치지 않기 위해 늘 메모장을 가지고 다닌다. 스마트폰에 메모 기능이 있는 애플리케이션도 설치해두었다. 어려운 문제의 해결법이나 최고의 아이디어는 정말로 짧은 한순간에 떠오른다. 그것을 놓치지 않기 위해 모든

수단을 동원할 필요가 있다.

　무의식 사고란 무엇이고, 어떤 특징이 있는가. 여기까지 읽었다면 이제 어느 정도 이해했을 것이라 생각한다. 하지만 무의식 사고가 무엇인지 안다고 한들, 어떻게 활용해야 하는지 그 방법을 모른다면 아무 소용이 없다. 그래서 지금부터는 무의식 사고를 활용하는 구체적인 방법을 소개하려 한다.

활용법 2
써드 씽킹이
극대화되는 시간은 단 3분!

무의식 사고를 잘 활용하기 위해
가장 중요한 것은 무엇일까? 바로 무의식 사고를 작동시키기
위한 시간을 확보하는 것이다. 그것은 의외로 어렵다. 우리는
무언가를 결정하거나 아이디어를 낼 때 직관적으로 빠르게
생각하거나 의식적으로 충분히 생각하는 데 익숙해져 있다.

앞서 말했듯 나라나 문화권에 따라 선호하는 사고 스타일
이 다르다. 유럽이나 미국에서는 합리적으로 재빠르게 답을
얻어 결론을 내리는 것을 바람직하게 여기는 반면, 일본에서
는 결론은 물론, 과정도 중요시한다. 신중하게 생각하는 합리
적인 인지 스타일을 선호하는 것이다.

많은 사람이 누군가의 성공 스토리를 들을 때 역경을 헤쳐
나가고 온 힘을 다해 노력하며 해결책을 궁리한 끝에 성공할

수 있었다는 식의 이야기를 좋아한다. 즐기면서 쉽게 성공했다는 이야기는 누구도 감동시키지 못하고, 왠지 듣고 싶어 하지 않는 것처럼 느껴지기도 한다.

물론 노력하고 애쓰는 것의 가치를 부정할 생각은 털끝만큼도 없다. 하지만 무의식 사고를 잘 활용하려면 '최선을 다해 생각한다'라는 행위 자체를 해서는 안 된다. 그것은 의식 사고를 사용한다는 의미이기 때문이다. 애초에 무의식 사고는 '과제 이외의 활동에 집중하고 있을 때 사고하고 있는 건 아닐까' 하는 가설에서 출발했다.

물리학자 아이작 뉴턴Isaac Newton이 만유인력의 법칙을 발견하기까지, 알버트 아인슈타인Albert Einstein이 상대성 이론을 발견하기까지 그들에게는 수년 혹은 수십 년의 세월이 필요했을 것이다. 그렇다면 그들은 그 기간 동안 밤낮없이 과학 법칙만을 생각했을까? 나는 그렇지 않았을 것이라 생각한다. 분명 취미생활을 할 때, 식사를 할 때, 산책을 할 때 무의식 사고를 활용했을 것이다.

문제 대상에게서 주의를 돌렸을 때에도 무의식은 계속 사고하고 있다. 무의식 사고에 대한 발상은 이렇게 '장기간에 걸친 사고가 무의식적으로 일어나고 있는 것은 아닐까' 하는 생각에서 시작되었다. 물론 이것을 과학적으로 검증하고 증명하기란 매우 어렵다. 수일, 수개월 동안 피험자의 사고를 모니터링하는 실험은 불가능하기 때문이다.

그렇기에 무의식 사고 실험에서는 지금까지 소개한 것과 같이 수분 동안 방해 과제를 하게 함으로써 무의식 사고를 위한 시간을 만드는 방법을 주로 사용한다. 이때 주의해야 할 점은 '무의식 사고를 위한 시간을 얼마나 확보해야 하는가', '어느 정도 길이가 적당한가'일 것이다. 무의식 사고 연구가 처음 시작되었을 때에는 무의식 사고는 길면 길수록 효과를 나타내기 쉽다고 여겨졌다.

하지만 그렇게 간단한 문제가 아니라는 사실이 최근에야 밝혀졌다. 한 실험에서 무의식 사고 시간을 1분, 3분, 5분으로 설정해 무의식 사고가 효과를 나타내는 최적의 시간이 얼마인지 검증했다. 그 결과, 무의식 사고를 3분으로 설정했을 때 가장 좋은 선택을 한다는 사실이 밝혀졌다. 1분은 너무 짧으니 그렇다 쳐도, 5분은 왜 아닌 것일까? 연구자들은 생각을 너무 많이 했기 때문이라고 결론지었다.

신중하게 생각하는 것을 기본으로 하는 의식 사고도 지나치게 길어지면 오히려 혼란스러워지거나 길을 잃게 되는 경우가 있다. 그래서 무의식 사고 역시 과제나 문제에 따라 가장 적절한 사고 시간이 있다고 가설을 세운 것이다. 그리고 실험에서 사용되는 방해 과제는 보통 지루한 것이 많다 보니, 시간이 길어질수록 피험자를 초조하게 만들어 무의식 사고를 방해할 수 있다는 연구 보고도 있다.

하지만 그렇다 해도 실생활에서 무의식 사고를 활용할 때에는 무의식 사고가 작동하는 시간을 그렇게까지 신경 쓸 필요가 없다. 사고에는 '개인차'가 있다. 예를 들어 어떤 의사결정을 내릴 때 직관을 사용하는 사람이 있는 반면, 의식 사고를 사용하는 사람이 있는 것처럼 어느 쪽을 선택하는가는 개인마다 다르다.

사고에 개인차가 있다는 사실은 다양한 연구를 통해 이미 밝혀졌다. 마찬가지로 무의식 사고에도 개인차가 존재한다. 그 때문에 일률적으로 '무의식 사고는 ○분 동안 하는 것이 가장 좋다'라고 단언하는 것은 난센스다. 수학 문제를 푸는 데 걸리는 시간이 사람마다 다르듯, 무의식 사고에 걸리는 시간도 사람마다 다르다.

물론 과제에 따라서도 필요한 시간이 달라진다. 세기의 대발견과 상품 구입 결정을 비교하면, 둘 다 무의식 사고를 활용한다 해도 걸리는 시간이 다를 것이다. 전자는 수년, 또는 수십 년이 필요할 것이고, 후자는 몇 시간, 길어도 며칠이면 충분하다. 다만, 두 가지 경우 모두 무의식 사고를 활용하기 위한 시간을 따로 마련해야 한다는 사실은 변하지 않는다. 무의식 사고를 활용하고 싶다면 이 점을 꼭 기억해두기 바란다.

활용법 3
쓸데없는 일을 함께하면
효과는 더 커진다

무의식 사고를 작동시키기 위해
서는 문제와 상관없는 대상에 주의를 기울일 필요가 있다. 무
의식 사고 실험에서 행해지는 방해 과제가 바로 그것이다. 무
의식 사고는 문자 그대로 무의식에서 일어난다.

단, 그렇다고 해서 의식적인 주의가 아예 필요하지 않은
것은 아니다. 무의식 사고를 시행하기 위해서는 문제 대상과
다른 '무언가'에 의식적으로 주의를 기울여야 한다. 이때, 그
'무언가'가 무엇이어도 상관없는 것은 아니다. 내게 어디에
주의를 기울여야 하는지, 무엇을 하면 좋은지 묻는다면, '그
다지 어렵지 않은 과제'라고 답하겠다.

이에 대해 검증한 실험이 있다. 피험자에게 '일반적인 용
도와 다르게 벽돌을 사용하는 방법'을 2분 동안 최대한 생각

해보라는 과제를 주어 창의성을 측정해보았다. 과제를 받은 피험자는 다음과 같이 네 그룹으로 나뉘었다.

① 바로 답변한다.
② 쉰다(즉 아무것도 하지 않는다).
③ 벽돌과 상관없으면서 쉬운 과제를 한 후에 답변한다.
④ 벽돌과 상관없으면서 어려운 과제를 한 후에 답변한다.

실험 결과, ③ 벽돌과 상관없으면서 쉬운 과제를 한 후에 답변한 그룹이 다른 세 그룹보다 무의식 사고의 효과가 두드러지게 나타났다.

이 실험에서 알 수 있는 것은 두 가지다. 첫 번째는 쉬면서 아무것도 하지 않으면 무의식 사고의 스위치가 켜지지 않는다는 점이다. '과제에 몰두한다'라는 행위가 없다면 무의식 사고는 시작되지 않는다. 두 번째는 어려운 과제보다 쉬운 과제를 할 때 무의식 사고의 효과가 더욱 커진다는 점이다. 무의식 사고를 잘 활용하고 싶다면 무의식 사고가 일어나는 동안에는 어려운 일을 하지 않는 편이 좋다.

비슷한 연구가 또 있다. 방해 과제로 유추 문제 같은 어려운 과제가 아니라 '아이팟으로 좋아하는 음악 듣기'를 했더니, 피험자는 더 좋은 선택을 했다. 즉 무의식 사고를 통해 좋은 성과를 내고 싶다면 즐거운 일, 기분 좋은 일, 쉽게 할 수 있는 일을 하는 것이 좋다.

과제에 따라 무의식 사고가 일어나는 시간은 수일, 수주, 수년이 걸릴 수도 있다는 사실은 앞서 모차르트, 차이코프스키, 푸앵카레 등의 사례를 통해 확인했다. 그 시간이 길어진다면 그동안 어떤 과제를 할지 고민하는 것은 무의미하다. 즉 무의식 사고가 작동하고 있는 동안 '무엇을 할 것인가'에 대해 그렇게까지 예민하게 생각할 필요가 없다는 뜻이다.

다만, 시간을 많이 들이지 않고 좋은 결과를 얻고 싶다면 너무 어려운 일이 아닌, 좋아하는 일, 재미있는 일을 하는 편이 유리하다는 사실을 반드시 기억해두자.

활용법 4
생각할 대상과
목적을 명확히 하라

　　　　　　　무의식 사고는 문자 그대로 무의
식적으로 일어나는 일인데, 그것을 작동시키는 방아쇠로서
의식적으로 '목적의식'을 가질 필요가 있다. 그저 정보를 머
릿속에 집어넣고 방치해둔다고 해서 저절로 좋은 선택, 좋은
결과를 얻을 수 있는 것은 아니다.

　앞서 소개한 무의식 사고 실험들에서는 무의식 사고를 시
작하기 전에 반드시 '○○ 중에서 가장 좋은 선택지를 고르시
오'라는 구체적인 목적을 제시했다. 자신이 무엇을 결정해야
하는지 명확하게 알지 못한 채 무의식 사고를 작동시키려고
다른 일에 집중하는 시간을 확보해봤자 무의식 사고는 시작
되지 않는다. 좋은 결과를 내지 못하고 그저 시간만 흘려보내
는 셈이다.

목적의식의 중요성은 과학적으로도 분명히 밝혀졌다. 제2장에서 소개한 4대의 자동차 중에서 가장 좋은 자동차를 고르는 실험을 다시 떠올려보자. 연구자들은 무의식 사고에 목적의식이 필요한지를 밝혀내기 위해 방식을 조금 바꾸어 다음과 같은 실험을 시행했다.

4대의 자동차 정보가 제시되는 것까지는 앞선 실험과 같고, 그 후 세 조건으로 배정된 피험자들은 각각 다음과 같은 지시를 받았다.

① 의식 사고 조건

'충분히 생각한 후에 자동차를 평가하기 바랍니다'라는 지시를 받았다.

② 무의식 사고 조건

'지금부터 퍼즐을 다 맞춘 후에 자동차를 평가하기 바랍니다'라는 지시를 받았다.

③ 단순 방해 조건

'자동차에 대한 과제는 끝났습니다. 지금부터 퍼즐을 맞추세요'라는 지시를 받았으나, 퍼즐을 다 맞춘 뒤 자동차를 평가하라는 지시를 추가로 받았다.

즉 ① 의식 사고 조건의 피험자에게는 자동차 평가라는 목적을 미리 알려주고, ③ 단순 방해 조건의 피험자에게는 사전에 목적을 알려주지 않은 채 방해 과제를 풀라고 한 것이다. 그 결과, 무의식 사고를 활용한 ②의 피험자가 ①과 ③의 피험자보다 좋은 선택을 했다. 목적의식 없이 방해 과제를 하는 것은 단순히 문제에서 주의를 돌리는 것일 뿐, 적절한 선택을 하는 데 도움이 되지 않는다는 사실이 밝혀졌다.

목적의식에 관해 시행된 흥미로운 실험이 하나 더 있다. 먼저 피험자들은 자동차 3대의 특징과 룸메이트 3명의 성격에 관한 정보를 각각 10가지씩 받았다. 자동차 3대 중에 1대는 가장 좋은 차(연비 높음 등), 1대는 가장 안 좋은 차(연비 낮음 등), 나머지 1대는 양쪽 어디에도 속하지 않는 중간 수준의 차였다. 룸메이트 역시 1명은 가장 매력적인 사람(청결함 등), 다른 1명은 가장 매력적이지 않은 사람(청결하지 않음 등), 나머지 1명은 양쪽 어디에도 속하지 않는 그럭저럭 매력적인 사람이었다. 그리고 피험자를 두 그룹으로 나누고, 한 그룹은 자동차에 대해, 다른 한 그룹은 룸메이트에 대해 평가하라고 한 뒤 방해 과제를 부여했다. 방해 과제를 끝낸 뒤 모든 피험자는 자동차와 룸메이트 둘 다에 대해 평가했다.

결과는 어땠을까? 각각 평가할 것이라고 미리 알려주었던 쪽을 제대로 평가한 것으로 나타났다. 즉 상관없는 정보가 주어졌음에도 불구하고, 평가해야 한다고 미리 지시받은 쪽의 정보에 한해 무의식 사고가 작동하여 제대로 평가할 수 있었던 것이다.

이렇듯 무의식 사고를 작동시키기 위해서는 '무엇에 대해 생각할 것인가'라는 목적의식을 명확하게 가지는 것이 매우 중요하다.

활용법 5
무에서 유는
창조되지 않는다

여기서는 당신이 오해하기 쉬운 한 가지를 짚고 넘어가려 한다. 무의식 사고에 대해 설명할 때 이런 이야기를 자주 듣는다.

"무의식적으로 사고한다기보다, 단순히 주의를 다른 곳으로 돌려 기분전환을 한 뒤에 선택에 임하니 좋은 결과를 얻는 것 아닌가요?"

회사에서 새로운 기획을 위한 아이디어가 떠오르지 않을 때, 책상 앞을 벗어나 커피 한 잔 마시며 기분 전환을 한 뒤 다시 업무를 시작하자 좋은 아이디어가 연달아 떠오르는 현상은 실제로 자주 일어난다. 심리학에서는 이를 '주의 전환(또는 주의 환기)'이라 한다. 하지만 이 현상과 무의식 사고는 분명 다르다.

무의식 사고에서는 '사고'가 실제로 일어나는 것이 틀림없다. 앞서 소개한 자동차를 평가하는 실험에서 ③ 단순 방해 조건에 배정된 피험자들은 단순히 주의 전환을 하고 있는 것이라고도 볼 수 있다. 문제에서 주의를 돌리기만 한 것이기 때문이다. 한편 ② 무의식 사고 조건에 배정된 피험자들은 ③ 단순 방해 조건에 배정된 피험자들보다 훌륭한 의사결정을 보여주었다. 이 두 가지 결과를 비교하면 무의식 사고란 단순히 기분 전환을 통해 새로운 관점을 가지게 하는 것이 아니라, 엄연히 '사고'가 일어나고 있는 것임을 알 수 있다.

물론 무의식 사고를 실행하는 데 필요한 정보는 미리 머릿속에 넣어두어야 한다. 무의식 사고를 활용한다고 해서 무에서 유를 창조할 수는 없다. 목적을 명확하게 하고 머릿속에 정보를 충분히 넣어둔다면, 다른 일을 하는 동안 무의식 사고가 알아서 최선의 선택을 해줄 것이다.

직관, 논리,
그리고 무의식이라는
세 가지 무기

지금까지 무의식 사고의 중요성과 활용법에 대해 자세하게 살펴보았다. 이제 당신도 실생활에서 무의식 사고를 유익하게 활용할 수 있을 것이라 믿는다.

다만, 한 가지 말해두고 싶은 것이 있다. 제3의 사고인 무의식 사고는 물론, 제1의 사고인 직관(빠른 사고)과 제2의 사고인 의식 사고(느린 사고) 모두 우리에게 필요하고 당연한 사고라는 점이다. 문제를 해결하고 의사결정을 내려야 할 때에는 이 세 가지 사고를 과제에 따라 적절하게 선택해 사용하는 것이 중요하다.

그렇다면 지금부터 세 가지 사고를 간단히 정리해보는 시간을 가져보자.

직관(빠른 사고)은 의사결정 대상이 되는 과제가 주어지면 곧바로 의사결정을 내리는 방법이다. 의식 사고(느린 사고)는 과제가 주어지면 신중하게 생각하는 시간을 가지는 방법이다. 무의식 사고는 과제가 주어지면 그 과제는 잠시 덮어두고, 의식적으로 다른 일에 집중하는 방법이다. 무언가를 하지 않으면 십중팔구 과제를 의식적으로 생각하게 되므로 결과적으로 의식 사고가 될 가능성이 있다.

한 가지 더 주의할 사항은 '목표 설정'이다. 보통 의사결정 상황에는 해결해야 하는 과제가 있고, 그 과제가 추구하는 목표를 설정한다. 예를 들어, '어떤 사람을 채용할 것인가'라는 과제가 있다면, 그 과제의 목표는 '우리 회사에 가장 잘 어울리는 사람 선택하기'가 될 것이다. 이와 같이 목표가 설정되지 않는다면 무의식 사고는 절대 작동하지 않는다.

다음 페이지에 이 세 가지 사고법의 활용 방법을 표로 정리두었으니 참고하기 바란다.

그렇다면 직관, 의식 사고, 무의식 사고라는 세 가지 무기를 구체적으로 어떻게 구분해 사용하는 것이 좋을까? 기본은 직관 위주로 시간을 들이지 않고 지체 없이 결정하는 것이다. 시간은 유한하다. 그러나 인생에는 무수한 선택의 순간이 존

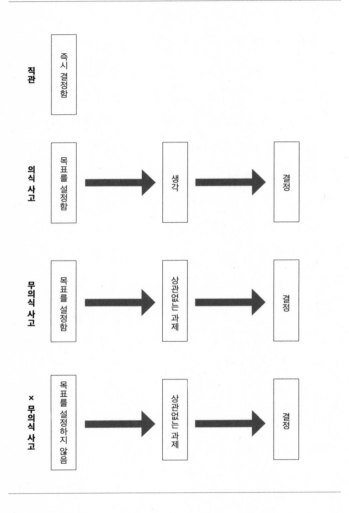

재한다. 그리고 대부분의 선택은 단순하고 사소한 문제이므로 시간을 할애하지 않는 것이 상책이다. 실제로 우리의 인생이 막힘없이 순조롭게 진행되는 것은 직관이 '오늘 입을 옷', '아침 식사 메뉴'와 같은 사소한 문제에 망설임 없이 답을 내려주는 덕분이다.

한편 수치화할 수 있거나 정량적으로 취급할 수 있는 문제는 논리적·합리적으로 생각하는 것이 적합하므로 의식 사고를 활용함으로써 좋은 선택을 이끌어낼 수 있다. 경리나 재무 업무는 의식 사고의 독무대다. 그 외에도 여행 경비를 어림잡아 계산해보거나 예산 안에서 구입할 수 있는 물건을 찾는 일에도 의식 사고가 힘을 발휘한다. 정량적인 문제는 논리성과 합리성을 추구하는 의식 사고가 가장 자신 있는 분야다.

복잡하거나 어려운 문제는 무의식 사고를 활용하는 것이 바람직하다. 예를 들어 2시간 동안의 회의를 통해 중요한 문제를 의논하고 의사결정을 내려야 한다고 가정하자. 그런 경우에는 오전 1시간, 오후 1시간을 회의 시간으로 확보하고, 그 사이에 점심시간을 두는 것이 현명한 시간 사용법이라 할 수 있다.

의사결정의 대원칙

① 기본적으로는 직관을 활용해 시간을 들이지 않는다.

② 수치화할 수 있는 것, 정량적인 것은 의식 사고를 활용해 합리적으로 판단한다.

③ 복잡하고 어려운 의사결정은 무의식 사고를 활용한다.

점심시간이라는, 회의와 무관한 일을 하는 시간을 만듦으로써 무의식 사고를 활용할 수 있는 것이다. 오전 1시간은 의사결정 대상이 되는 과제와 정보를 공유하는 데 시간을 할애해 양질의 정보를 머릿속에 입력해야 한다. 의사결정을 내리는 것은 오후의 1시간이다.

이렇게 시간을 배분함으로써 무의식 사고가 활약할 수 있는 조건이 충족된다. 회의 전날 과제와 관련된 정보를 공유하는 것도 무의식 사고를 활용하는 유익한 방법이다. 반대로 회의 중에 결론을 내기 위해 최선을 다해 충분히 고민하는 방식은 의식 사고에 빠질 가능성이 크기 때문에 추천하지 않는다.

참고로 사고의 세 가지 무기는 섞어서 사용할 수도 있다. 처음에는 의식 사고를 활용해 문제를 신중하게 생각한다. 그런데도 잘 해결되지 않는다면 무의식 사고를 활용해 생각을 잠재웠다가 다시 고민해보는 방식을 채택하는 것도 분명 큰 도움이 된다. 이렇게 세 가지 사고법을 섞어 사용함으로써 더욱 훌륭한 의사결정을 내릴 수 있다.

제6장

내 안의
잠재된 가능성이
폭발한다

THIRD THINKING

의사결정의
결과보다
과정 평가가 중요하다

우리는 매일 무언가를 선택한다. 즉 의사결정을 내린다. 이 책에서 여러 차례 강조했듯 그 대상은 매우 다양하다. 한 가지 짚고 넘어가야 할 것은 특히 인생을 좌우하는 선택에 대해 많은 사람이 '이건 잘했어', '저건 잘못했어'라고 결과에만 주목한다는 점이다. 사실 중요한 것은 결정에 이르기까지의 과정, 즉 사고법이다.

어떻게 선택했는가.

어떤 생각을 한 결과 그 결정에 이르렀는가.

이 점에 대해 생각하는 사람은 많지 않다. 성공률이 60퍼센트인 투자처 A와 성공률이 40퍼센트인 투자처 B가 있다고 가정하자. 당신은 1,000만 원을 가지고 있다. 투자에 성공하면 돈을 10배, 즉 1억 원으로 불릴 수 있지만 실패하면 모두 잃게 된다. 고민 끝에 당신은 투자처 A에 투자하기로 결정했다. 그런데 투자에 실패해 돈을 모두 잃고 말았다.

자, 생각해보자. 당신이 투자처 A에 투자하기로 결정한 것은 잘못된 선택이었을까? 당신의 선택은 100점 만점에 몇 점일까? 당신은 아무것도 잘못하지 않았다. 100점짜리 선택이었다. 확률적으로는 올바른 결정이었다. 하지만 투자에 실패한 자신에게 100점 만점을 주는 사람은 거의 없을 것이다. '실패했다'라는 결과에만 주목해 옳은 선택조차 정당하게 평가하지 못하게 된다. 만약 당신의 친구가 투자처 B에 투자해 성공했다는 이야기를 듣기라도 한다면 자신의 선택이 옳았음에도 불구하고 당신의 점수는 계속 떨어질 것이다.

비슷한 상황이 실제 비즈니스에서 일어나면 사태는 더욱 심각해진다. 조직은 의사결정 결과만을 참고해 개인이나 팀을 평가하기 때문이다. 비즈니스에서 결과를 중시하는 것은 당연한 일이다.

다만, 결과가 좋으면 그 결과를 이끌어낸 의사결정 방식도 올바른 것이었다고 믿어도 되는지에 대해서는 생각해볼 필요가 있다. 문제에 접근하는 과정을 소홀히 하면 결과가 전부라는 생각에 빠지기 쉽다. 이런 생각은 실패를 두려워한 나머지 의사결정에 대한 공포심을 싹트게 하므로 아무런 도움이 안 된다. 게다가 의사결정에 필요한 양질의 정보를 제대로 모을 수 있었는지 되돌아보는 기회도 빼앗는다.

문제에 대한 접근 방식이 좋았지만 결과가 따라주지 않는 경우도 있다. 하지만 결과가 나쁘면 접근 방식까지 실패했다고 오해하기 쉽다. 그러니 결과가 100퍼센트 보장되지 않는 한, 누구도 의사결정을 맡고 싶지 않을 것이다. 이 세상에 실패하고 싶은 사람이 어디 있겠는가.

결과를 중시하는 환경에서 실패하지 않기 위해 할 수 있는 일은 단 한 가지, 아무것도 하지 않는 것이다. 이 세상에 위험이 따르지 않는 일은 존재하지 않는다. 그래서 인간은 아무것도 하지 않기 위해 무슨 일이든 한다. 말장난처럼 들리겠지만, 이보다 적절한 표현은 없을 것이다. 아무리 노력해도 좋지 않은 결과로 끝난다면 아무것도 하지 않는 편이 낫다. 이 역시 하나의 의사결정이다. 하지만 이러한 풍토가 계속된다면 새로운 일에 도전하는 사람은 점점 사라질 것이다. 도전하는 사람이 없는 조직은 살아남을 수 없다. 조직의 생존을 위해서라도 결과뿐 아니라 의사결정 과정 역시 중요하게 평가되어야 한다.

　말은 이렇게 해도 사람들의 평가 기준이 바뀌기를 기대하기는 어렵다. 하지만 자신의 평가 기준을 바꾸는 것은 지금 당장이라도 가능하다. 의사결정 과정을 평가한다는 것은 결정에 이르기까지 자신이 어떤 접근을 취했는지 되돌아보는 것이다.

　　직관, 의식 사고, 무의식 사고 중 어느 것을 사용했는가.
　　의사결정에 필요한 정보를 제대로 모았는가.
　　주사위를 던져 결정하듯 되는 대로 정한 것은 아닌가.
　　다른 사람의 의견을 곧이곧대로 받아들이지는 않았는가.

　이런 점들을 되돌아봄으로써 결과에 대한 자기 자신의 해석이 완전히 달라지는 경험을 할 수 있을 것이다.

써드 씽킹을 하기 전
'잠재우기'
시간을 가져라

지금까지 무의식 사고의 과학적 근거를 설명했다. 그러나 무의식 사고의 개념이 최근에서야 발견된 것은 아니다. 오차노미즈대학교 명예교수인 도야마 시게히코^{外山滋比古}는 이미 1986년에 『생각의 틀을 바꿔라』라는 책을 출간했다. 이 책은 200만 부 이상이라는 경이적인 판매를 기록했으며, 30여 년이 지난 지금까지도 일본 명문대생들의 필독서로 손꼽힌다.

도야마는 이 책에서 의식 사고, 무의식 사고라는 표현을 사용하지는 않았지만, 개념적으로는 같은 사고법을 언급했다. 재미있는 발상을 떠올리기 위해 필요한 과정을 맥주 제조에 빗대 설명했고, 흥미로운 연구 주제에 대한 아이디어를 내고 창의성을 발휘하기 위해서는 '발효', '잠재우기'라는 과정이 꼭 필요하다고 이야기했다.

맥주를 만들기 위해서는 보리가 필요한데, 그것만으로는 부족하다. 발효소도 있어야 한다. 재미있는 발상을 떠올리는 데 도움이 되는 아이디어나 힌트가 발효소에 해당한다. 그런데 발효소만으로도 부족하다. 맥주처럼 생각을 발효시키기 위해서는 '잠재우기'라는 과정이 필요하다. 도야마는 이렇게 지적했다.

'머릿속 양조장에서 시간을 보낸다. 너무 떠들어대서는 안 된다. 잠시 잊는 것이다.'

'사고 정리법 중 잠재우기만큼 중요한 것은 없다. 새로운 생각을 만들어낼 때 머릿속을 잠재우는 과정은 필수다.'

이 과정이 바로 무의식 사고를 일컫는다. 얼마나 잠재워야 발효가 되는가에 대해서는 다음과 같이 주장했다.

'일괄적으로 정하기는 어려운데, 맥주는 일정 시간 잠재워두면 발효가 되는 것과 달리, 머릿속의 맥주 만들기는 사람에 따라서, 그리고 같은 사람이라도 경우에 따라서 발효되기까지 소요되는 시간이 다르다.'

이 역시 무의식 사고에 개인차가 있다는 사실과 통한다. 게다가 다음과 같은 내용까지 다루었다.

'아침부터 밤까지 줄곧 생각했다고 말하는 사람들이 더러 있다. 제법 신중하게 생각한 것처럼 들리지만, 사실은 분명한 견해를 만들지 못하는 경우가 많다. 고집이 생긴다. 숲을 보지 못하고 나무에만 집중해 혼란에 빠지기 쉽다.'

한마디로 의식 사고의 한계성을 지적한 것이다. 도야마는 마지막을 이렇게 매듭지었다.

'노력한다면 무슨 일이든 성취할 수 있을 것이라는 믿음은 과도한 자만이다. 노력해도 안 되는 일이 있다. 그러니 시간을 들이는 수밖에 없다. 행운은 누워서 기다리는 편이 현명하다('행운은 누워서 기다려라'는 행운이란 사람의 힘을 초월한 것이니 서두르지 말고 기다리라는 뜻의 일본 속담이다-옮긴이). 성취하고자 하는 일이 하룻밤 사이에 벼락치기로 완성될 때가 있는가 하면, 몇십 년 동안 몰두한 끝에 비로소 형태가 갖추어질 때도 있다. 어느 쪽이든 이러한 무의식의 시간을 활용해 새로운 생각을 만들어내는 것에 더욱 관심을 가져야 한다.'

『생각의 틀을 바꿔라』가 쓰인 당시에는 무의식 사고가 있을 것이라는 가능성에 대해 논의하기는 했지만, 과학적 근거까지는 파고들지 못했다. 그러한 시대 배경 속에서 무의식 사고의 중요성을 구체적이고 간결하게 설명한 도야마는 역시 일류 연구자라 칭송받을 만하다. 그런 도야마야말로 무의식 사고의 달인이지 않았을까?

VUCA 시대,
더 이상 직관과
논리로는 살아남을 수 없다

현대는 VUCA의 시대라고 한다. VUCA는 변동성Volatility, 불확실성Uncertainty, 복잡성Complexity, 모호성Ambiguity의 머리글자를 딴 것으로, 세계정세를 단적으로 보여주는 표현이다. 오늘날 정치, 기업 경영이 매우 복잡하고 불안정한 환경에 놓여 있다는 사실은 익히 알고 있을 것이다. 개인의 생활도 그와 다르지 않아 비우기 열풍이 불고, 심플 라이프나 미니멀리즘을 추구하는 사람이 늘어나고 있다. 반대로 생각하면 우리의 생활이 그만큼 복잡하다는 뜻이다.

직장인들의 연수나 교육 시스템에도 큰 변화가 일어나고 있다. 예전에는 대기업 간부 후보자들 사이에서 해외 명문대 MBA(경영학 석사)를 취득하는 것이 유행이었지만, 요즘은 MFA(예술학 석사)를 취득하는 추세로 바뀌고 있다. 경영컨설턴트 야마구치 슈(山口周)는 자신의 저서 『세계의 리더들은 왜 직감을 단련하는가』를 통해 "세계적인 기업은 간부급을 양성하기 위해 비즈니스 스쿨이 아닌 아트 스쿨이나 미국계 대학원에 보낸다"라고 언급했다.

이러한 트렌드는 10여 년 전부터 이어지고 있는데, 단순히 예술 교양을 익히는 것만이 목적이 아니다. 복잡한 비즈니스 환경에서 기인한 흐름이다. 야마구치는 직장인들에게 왜 미의식을 단련시키게 되었는지 다음과 같이 설명했다.

"지금까지와 같은 분석, 논리, 이성에 중점을 둔 경영, 이른바 '과학 중심 의사결정'으로는 불안정한 세상에서 비즈니스를 이끌어나갈 수 없다."

논리적·이성적 정보 처리 기술의 한계가 드러나고 있다는 뜻이다. 지금까지는 분석적이고 논리적인 정보 처리 기술이 직장인에게 필수라고 여겨졌다. 하지만 따지고 보면 논리적으로 정보를 처리한다는 것은 다른 사람과 같은 답을 도출해낸다는 의미이므로 '차별화 부족'이라는 문제를 초래한다.

나아가 야마구치는 분석적·논리적 정보 처리 기술이 가지는 한계도 지적했다.

"지금까지 유효하다고 여겨진 논리적 사고 기술은 발생한 문제와 문제의 요인을 정적이고 단순화된 인과관계 모델로 추상화하여 문제 해결 방법을 찾는다는 접근 방식을 취했다. 하지만 문제를 구성하는 인자가 증가하고 복잡하고 동적인 관계로 변화하게 되면, 그런 식의 접근은 문제 해결에 도움을 주지 못한다."

야마구치는 경영에서의 의사결정을 논리와 직감, 이성과 감성이라는 대립축으로 정리했다. 그리고 대부분의 일본인은 비즈니스 의사결정에서 직감적이고 감성적인 것보다 논리적이고 이성적인 것을 높이 평가하는 경향이 있다고 주장했다. 또한 경영에서 의사결정을 할 때에는 논리와 직감 모두 높은 차원에서 활용해야 하므로, 둘 중 하나가 다른 하나보다 열등하다는 생각은 위험하다고 지적하며, 현재의 기업 운영은 논리에만 과도하게 중점을 두고 있다는 사실을 지적했다. (이 책에서는 '직관'이라고 표현했지만, 야마구치는 '직감'이라는 표현을 사용했다.)

이렇게 복잡한 환경은 논리나 이성으로 명쾌하게 이해할 수 없다. 나의 연구 주제가 보여주듯 일본인은 대체로 논리적·합리적 사고 스타일을 가지고 있다. 논리에 과도하게 치우쳐 있는 현실은 데이터를 통해 확인할 수 있다.

감성을 키우기 위해 예술 공부를 하는 것은 좋은 선택이고, 사회 변화에 적응하기 위해 그러한 트렌드가 유지되는 것은 매우 바람직하다. 그와 동시에 반드시 필요한 것이 사고법을 배우는 일이다.

지금까지 봐왔듯 복잡한 조건하에서의 의사결정, 그리고 창의적 발상은 무의식 사고가 가장 자신 있는 분야다. 직관과 무의식 사고는 번뜩이며 떠오른다는 점에서는 비슷하지만 사실은 전혀 다르다. 요즘 같은 복잡한 사회에서는 무의식 사고가 의사결정을 내리는 데 힘을 발휘한다는 사실을 기억해 두기 바란다.

써드 씽킹으로
즐겁고 활기찬
미래가 보장된다

이 책에서 여러 차례 반복했듯, 다가오는 미래에 창의성을 발휘하지 못하는 사람은 도태될 가능성이 크다. 인공지능의 급속한 발전으로 단순 작업은 컴퓨터와 로봇으로 대체될 전망이다. 자동화 바람은 이미 전 세계에서 불고 있다.

영국 옥스퍼드대학교에서 인공지능을 연구하고 있는 마이클 오스본Michael Osborne은 인공지능의 고도화에 따라 앞으로 10년에서 20년이면 현재 존재하는 직업 중 절반가량이 사라질 것이라고 예측했다. 예를 들어, 택시 운전사라는 직업은 자율 주행 자동차가 상용화되면 없어질 것이다. 레스토랑이나 호텔의 안내 직원도 태블릿으로 대체될 가능성이 있다. 대부분의 사무직도 인공지능에 일자리를 빼앗길 것이다. 또한 무인 편의점이 시범적으로 운영되고 있는 곳도 있다고 한다. 미래에는 상점 판매원도 대폭 감소할지도 모른다. 즉 주변에 있는 다양한 직업이 축소되거나 사라질 수 있다!

많은 것이 자동화·효율화됨으로써 사회 시스템이 더욱 원활해지는 면이 있는 것은 분명하다. 요즘은 전자화폐를 사용하는 사람이 많다. 쇼핑몰, 식당 등 언제 어디에서나 스마트폰을 몇 번 터치하기만 하면 간편하게 결제할 수 있다. 정말 편리하지 않은가? 전자화폐가 등장하기 전에는 이러한 일들이 사람의 손을 통해 이루어졌다. 계산하려면 점원과 돈을 주고받는 것이 필수였다. 하지만 전자 시스템의 등장으로 인해 사회적 효율성이 대폭 상승했다.

컴퓨터는 단순 작업을 자동화하는 데 뛰어나다. 이는 인간이 단순 작업에서 해방된다는 의미다. 즉 단순 작업을 하던 시간과 노력을 더욱 창의적인 일에 쏟을 수 있게 된 것이다. 오스본은 절대 사라지지 않을 작업으로 가장 먼저 '창의적인 일'을 꼽았다.

그리고 상담사나 치료사처럼 사람을 직접 만나 이끌어주고 치유해주는 일도 사람만이 할 수 있다. 발명, 발견을 업으로 하는 연구자나 예술 활동을 하는 아티스트도 대체되기 어렵다. 사람이나 조직을 이끄는 매니저 같은 일자리도 살아남을 수 있다. 단순 작업은 컴퓨터가, 창의적인 일은 인간이 하는 시대, 즉 인간의 창의성으로 시장을 개척하는 '창의 경제 시대'가 머지않아 도래할 것이다.

물론 지금의 젊은 현역들도 창의성을 발휘하지 못하면 살아남기 힘들 테지만, 정말 걱정되는 건 고령자다. 현재 일본의 평균수명은 남성 81세, 여성 87세다. 의료와 사회제도의 발전에 따라 가까운 미래에 90세까지 연장될 것이라 예측된다. 평균 수명이 늘어나면 그와 함께 정년도 연장된다. 일본에 국민연금이 처음 도입되었을 때, 많은 기업이 정년을 55세로 정했다. 하지만 어느새 60세로 연장되었고, 2012년에는 65세까지 고용하는 것이 의무화되었다. 따라서 평균수명이 계속 늘어난다면 머지않아 정년이 70세, 나아가 75세가 되는 날이 올 것이다.

그야말로 생의 마지막에 눈을 감는 순간까지 일하는 '평생 현역'이 현실로 다가오고 있다. 많은 사람이 계속 일하지 않으면 생계를 유지하기 어려운 것이 사실이다. 체력은 물론, 기억력 같은 인지 기능은 나이가 듦에 따라 쇠퇴한다. 젊음을 유지하려는 노력이 유행하고 있는데, 분명 한계가 있다. 나이

늙과 노화는 인간으로 태어난 이상 피할 수 없는 숙명이다. 현재 70대를 고용하는 기업은 매우 제한적이다. 그렇다면 80대를 고용하는 기업은 과연 얼마나 될까?

지금의 현역 세대가 고민하고 준비해야 하는 것이 바로 이점이다. 예전에는 상사의 지시에 따라 정해진 틀에서 일을 처리해내면 정년까지 무사히 버틸 수 있었다. 하지만 지금은 상황이 다르다. 게다가 인공지능의 발전으로 자동화 바람이 불고 있다. 일하는 방법, 생각하는 방법을 근본적으로 바꿔야 한다.

이제 창의성을 발휘하지 않고서는 절대 살아남을 수 없다. 하지만 창의성을 발휘한다면 '90세 현역'도 꿈만 같은 이야기가 아니다.

아무도 하지 않는 것.

아무도 생각해내지 못한 것.

아직 누구도 알아채지 못한 것.

아직 아무도 시작하지 않은 것.

이러한 것을 발견하고 상품화해 세상에 알리는 창의성을

발휘할 수 있는가! 그것이 성공을 결정짓는 열쇠다. 창의성은 인간이 가진 최고의 지성이다. 창의성을 마음껏 발휘하기 위해서는 지금 당장 무의식 사고를 활용하는 방법을 깨우쳐야 한다.

발명과 발견의 기초가 되는 것은 신선한 아이디어와 발상이다. 더 전문적으로 말하면 '발산적 사고'다. 아이디어와 발상은 어딘가에 떨어져 있는 것도 아니고, 다른 사람이 가르쳐주는 것도 아니다. 자기 머리로 생각하는 수밖에 없다.

역설적으로 들릴 수도 있지만, 아이디어를 얻기 위해 책상 앞에서 생각만 하며 시간을 보내는 것은 바람직하지 않다. 아이디어를 내는 데 필요한 정보를 얻었다면, 당장 밖으로 나가 좋아하는 일을 하자. 그동안 당신의 뇌는 무의식적으로 생각하고 정보를 처리해 어느 순간 신선한 아이디어를 선물로 안겨줄 것이다.

써드 씽킹과 함께라면
노력하지 않아도 인생이 수월해진다!

복잡한 문제에 대해 최고의 의사결정을 내린다.

창의적으로 생각한다.

이 두 가지는 현대 사회에서 필수적이다. 그리고 무의식 사고는 이 두 가지 모두를 가능하게 해준다. 앞으로는 무의식 사고를 어떻게 활용하느냐에 따라 개인의 인생이 크게 바뀔지도 모른다. 무의식 사고는 누구나 할 수 있다. 특별한 장치가 필요하지도 않다. 의식 사고와 달리, 온 힘을 다해 노력하지 않아도 가능하다. 오히려 '최선을 다해 생각한다'라는 노력을 부정한다.

지금까지 복잡하고 어려운 결정을 하거나 새로운 아이디어를 내기 위해 고군분투한 사람도 이제는 편안하게 즐기며 무의식 사고로 해결해나가면 된다. 그야말로 누워서 행운이 오기만을 기다리면 되는 것이다.

무의식 사고는 결코 새로운 사고법이 아니다. 인류사에 기록된 위인들이 무의식 사고를 활용해 발명, 또는 발견을 했다는 사실은 그들이 남긴 수많은 말들을 통해 확인할 수 있다. 하지만 당시에는 오늘날처럼 과학 기술이 발전하지 않았기에 그 실태를 측정하는 것이 불가능했다. 이 책에서 소개한 심리학 연구와 fMRI를 이용한 실시간 뇌 활동 측정이라는 기술이 출현한 것은 최근의 일이다. 무의식은 종이 질문지로는 측정할 수 없다. 그런데 과학이 마침내 무의식이라는 미지의 영역에 빛을 비추기 시작했다.

나는 무의식 사고와 함께 재능, 천재성 등을 연구해왔다. 그 과정에서 눈에 보이지 않는 존재에 대해 생각하게 되는 일이 많았던 것도 사실이다. 영혼, 신, 그리고 영감 같은 것…. 위대한 인물 중에는 자신의 창의성을 영혼이나 영감에서 비롯된 것이라고 말하는 사람도 적지 않다. 그것은 무의식이나 잠재의식과는 분명 다르다. 사실 뛰어난 예술성이나 압도적인 작품 수, 눈부신 재능을 실제로 목도하면 이 세상에 눈에 보이지 않는 '무언가'가 있을 법하다는 생각이 들기도 한다.

나는 영감 같은 게 떠오르지 않는 평범한 인간이다. 영적 현상은 눈에 보이지 않는 세계이고, 현대 과학으로는 설명할 수 없다. 그렇기 때문에 많은 과학 연구자들이 영적 현상에 부정적인 견해를 가지는 것도 어쩔 수 없는 일이라고 생각한다. 하지만 측정할 수 없다고 해서 완전히 부정하는 것 역시 과학적인 자세가 아니다.

최신 양자론에 의하면, 우리는 눈에 보이는 그대로의 세계를 살고 있는 것이 아니라고 한다. 눈에 보이는 세계에서도 과학적으로 설명할 수 있는 것은 아주 일부에 불과하다. 나는 영적인 것에 대한 과학 연구들을 접한 후에, 그러한 영적 세계가 실재해도 이상할 것이 없다고 생각하게 되었다.

사실, 무의식이나 잠재의식은 영적 세계나 초현실적인 현상의 틀에서 설명되는 경우가 많다. 그렇다고 해서 그것을 '영감'이라는 단어로 한데 묶고, 영감이 재능에 영향을 준다고 생각하는 것은 섣부른 판단이다. 그게 사실이라면 영감이 떠오르지 않는 사람들은 하나같이 재능을 타고나지 못한 것이 되고 만다. 영감처럼 떠올랐던 것은 사실 무의식 사고가 이끌어낸 것이 아닐까? 그럴 가능성이 매우 크다.

과학적인 검증을 통해 무의식 사고가 우리에게 실로 많은 것을 가져다주고 있다는 사실이 밝혀졌다. 무의식 사고가 존재한다는 것, 그 효과가 엄청나다는 것은 무의식 사고를 연구해온 내가 가장 확신하는 사실이다. 무의식 사고야말로 최고의 사고법이다. 덧붙여 '무의식 사고', '시스템 3', '제3의 사고'라는 표현이 비즈니스 현장과 교육 현장에서 자연스럽게 쓰이기를 바란다.

이 책을 출판하기까지 많은 분들의 도움을 받았다. 그들에게 다시 한 번 감사하다는 말씀을 드리고 싶다. 그리고 언제나 응원해주는 가족들에게도 고마움을 전한다. 마지막으로 많은 사람이 무의식 사고를 활용해 더욱 훌륭한 선택을 하고, 더욱 뛰어난 창의성을 발휘할 수 있기를 진심으로 바란다.

뇌를 건강하게 만드는 습관법

:

무엇을 섭취하느냐에 따라 뇌 상태가 좌우된다

인간의 모든 사고는 뇌에서 일어난다. 특히 지금까지 설명한 무의
식 사고, 즉 써드 씽킹을 능숙하게 활용하려면 뇌가 건강한 상태를 유
지할 수 있도록 해야 한다. 뇌는 인간의 모든 활동을 담당하므로 뇌
가 잘 기능할수록 사고, 판단, 운동 등 다양한 분야에 도움이 된다. 그렇
다면 뇌를 건강하게 유지하기 위해 어떻게 해야 할까?

써드 씽킹을 좀 더 효과적으로 활용할 수 있도록 일상에서 가장 쉽
게 실천할 수 있는 뇌를 건강하게 유지하는 습관 몇 가지를 소개하고
자 한다.

우선 인간의 몸은 자신이 먹은 것으로 이루어져 있다. 뇌 역시 마찬

가지다. 사고를 다룬 책 중 이 점까지 파고든 책은 찾아보기 힘들 것이다. 나 역시 과거에는 식습관에 무관심한 사람이었다. 바쁘다는 핑계로 인스턴트 음식을 자주 먹고, 피곤할 때마다 습관처럼 단것을 즐겨 먹었다. 퇴근 후 집에 돌아오면 야식으로 기름진 음식을 망설임 없이 먹었다.

식습관이 이렇다 보니 점심 식사 후에는 식곤증이 몰려와 늘 컨디션이 좋지 않았고, 1년 내내 감기를 달고 살았다. 하지만 뇌를 건강하게 유지하기 위한 첫 번째 변화로 식습관을 바꾼 지금, 병원에 가는 일은 손에 꼽을 정도로 줄었고, 최근 몇 년간 약을 먹은 적이 없을 만큼 건강하다. 식곤증도 사라져 머릿속이 항상 맑은 상태를 유지하고 있으며 컨디션도 이전과 비교할 수 없을 정도로 좋은 상태를 유지하고 있다.

다시 한 번 말하지만 인간의 몸은 자신이 먹은 것으로 이루어져 있다. 정크푸드를 자주 먹으면 몸 상태는 당연히 나빠질 수밖에 없고, 그 결과 나쁜 사고가 일어나게 된다. 어떤 음식을 먹을 것인가, 내 신체에 무엇을 넣을 것인가, 그 점을 의식하는 것만으로도 신체는 물론이고 뇌의 건강 상태 역시 크게 바뀐다. 나는 뇌에만 특히 좋은 음식이 있다고 생각하지 않는다. '뇌에 좋은 음식=몸에 좋은 음식'이라고 생각한다. 그래도 굳이 뇌에 좋은 음식을 꼽으라면 한다면 그것은 바로 '기름'이다.

뇌의 60~70퍼센트는 지방질로 이루어져 있다. 따라서 뇌 건강을 위해 양질의 기름을 섭취하는 것이 무엇보다 중요하다. 기름이 충분하지 않으면 뇌는 건조해지고, 제 기능을 다하지 못하게 된다.

단, 기름이라 해도 포함된 지방산에 따라 그 종류가 나뉜다. 버터 등 동물성 기름이 많이 함유된 포화지방산과 식물성 기름에 많이 함유된 불포화지방산이 대표적이다. 불포화지방산 중 아마씨유와 참기름에 많이 함유된 '오메가 3'와 대부분의 식물유에 함유된 '오메가 6'는 체내에서 만들 수 없어 반드시 음식으로 보충해야 하기 때문에 '필수 지방산'이라 불린다.

현대인들 식생활의 문제점은 오메가 6를 과잉 섭취한다는 것이다. 실제 현대인들의 체내의 오메가 3와 오메가 6의 비율을 측벙해보면 오메가 6의 비율이 높게 나타난다. 물론 오메가 6도 혈액 응고와 같은 우리 몸에 꼭 필요한 역할을 수행하지만 문제는 과잉 섭취다. 오메가 6를 과잉 섭취하면 신체 염증을 촉진시키는 작용을 하고, 상대적으로 부족한 오메가 3를 만드는 데 필요한 효소를 뺏어가므로 그 비율은 더욱 커지게 된다.

반면, 부족하기 쉬운 오메가 3는 알레르기, 염증을 억제해 천식, 비염, 아토피를 완화시키는 역할을 한다. 또 혈액순환이 개선되며 혈

압, 당뇨, 고지혈증 예방에도 효과가 있다. 오메가 3는 뇌 기능에도 직접적인 도움이 된다. 오메가 3를 꾸준히 잘 섭취하면 기억력이 좋아지고, 치매 위험이 적다는 연구 결과들이 있다. 또 오메가 3의 DHA는 뇌세포 간 연결을 원활히 해 학습능력을 향상시킨다. 반면 체내에 오메가 3가 부족하면 문제 해결력이나 추론 능력이 떨어진다. 따라서 뇌를 건강하게 유지하기 위해서는 상대적으로 부족하기 쉬운 오메가 3를 적극적으로 섭취해 체내의 오메가 3와 오메가 6의 균형을 맞추는 게 중요하다.

오메가 3를 섭취할 때 주의할 점은, 오메가 3가 많이 함유된 아마씨유와 참기름은 열에 약하기 때문에 볶음 요리에 사용하는 것은 추천하지 않는다. 따라서 샐러드에 드레싱으로 추가하는 등 상온에서 이용하는 것이 효과적인 섭취 방법이다.

참고로 마트에 가면 여러 브랜드의 제품을 판매하고 있는데, 가능하면 저온압착(콜드 프레스)으로 가공되고, 빛이 통하지 않는 용기에 담긴 상품을 선택하자. 유기농 제품이라면 더할 나위 없이 좋다.

∽∽∽ 콩 제품이 뇌 움직임을 원활하게 만든다 ∽∽∽

인간의 신체는 약 60조 개의 세포로 이루어져 있다. 뇌 역시 여러 종류의 세포로 만들어져 있고, 그중 하나가 '신경세포(뉴런)'다. 신경세포 수는 대뇌와 소뇌를 합해 약 1,000억 개라고 한다(이 숫자에 대해서는 다양한 의견이 있다). 그리고 인간의 세포는 지방이 막처럼 감싸고 있다.

신경세포의 중심에는 세포체가 있다. 세포체에는 다른 신경세포로부터 정보를 받아들이는 수상돌기와 정보를 내보내는 축삭이 뻗어 있다. 축삭은 수초(미엘린 수초)라는 막에 둘러싸여 있는데, 수초의 약 70~80 퍼센트가 지방으로 이루어져 있다. 수초는 전기가 통하기 어려운 막으로, 정보 전달이 원활하게 이루어지도록 중요한 역할을 담당하고 있다. 만약 기름을 제대로 섭취하지 않는다면, 수초의 기능이 예민해져 정보 전달이 늦어지기도 하고, 제대로 전달되지 않기도 한다. 간단히 말해, 뇌 회전이 안 되는 것이다.

게다가 수초는 인지질이라는 지방으로 이루어져 있다. 인지질은 노화로 인한 기억력 쇠퇴를 막고, 알츠하이머 발생을 방지하는 효과가 있다고 한다. 인지질은 체내에서 만들어지지만, 음식물로 보충하는 것도 가능하다.

인지질은 다양한 음식에 포함되어 있는데, 특히 추천하는 것은 '달걀'과 '콩'이다. 콩으로 만든 식품으로는 청국장, 두부 등이 있다. 콩 제품을 섭취할 때 주의해야 할 것이 있다.

첫째, 안정성이 보장되지 않은 유전자 변형 식품을 피하는 것이고, 둘째, 가능하면 청국장 같은 발효 식품 형태로 섭취하는 것이다.

콩에 함유된 피드산은 마그네슘처럼 생체에 중요한 미네랄이 흡수

되는 것을 방해하는 작용을 한다. 하지만 발효 과정을 거치면 피드산이 제거되므로 두유 같은 식품보다 발효 식품을 중심으로 섭취하는 것이 바람직하다.

뇌도 근력이 필요하다

뇌 건강을 유지하기 위해 또 하나 중요한 것은 바로 운동이다. 운동이 신체 건강에 매우 유익하다는 것은 굳이 과학적인 근거를 들지 않아도 누구나 직감적으로 알고 있을 것이다.

생물학적으로 인간은 식물이 아니라 동물이다. 즉 본질적으로 움직이는 생물이다. 초기 인류는 수십만 년이나 되는 시간 동안 수렵과 채집을 통해 식량을 확보했다. 그리고 시간이 흘러 논과 밭을 직접 갈아 작물을 키우는 생활을 하게 되었다. 즉 생존을 위해 항상 몸을 움직여야 하는 삶을 살아왔다.

그런데 현재의 우리는 어떤가. 교통수단이 발달해 걸어 다니는 시간은 극도로 줄고, 출근하고 퇴근하는 순간까지 종일 책상 앞에 앉아 일한다. 이렇듯 과거에 비해 현대인은 활동량이 급격히 줄어든 환경에 처해 있다. 운동 부족은 우리의 신체뿐 아니라 뇌 건강에 미치는 악영향 역시 헤아릴 수 없을 정도로 많다.

운동이 신체, 그중에서 특히 뇌에 좋다는 것은 과학적으로도 알려진 사실이다. 하버드대 임상정신과 교수인 존 레이티(John Ratey)는 자신의 저서 『운동화 신은 뇌』에서 "운동은 신체적인 측면뿐 아니라 정신적인 측면에도 중요한 영향을 미친다"라고 강조한 바 있다. 그는 또한 몸을 써야 머리가 좋아진다며 "매일 최소 40분 신체 운동을 해줘야 뇌가 자극받고 학습능력도 좋아진다"고 말했다. 운동을 하면 뇌로 공급되는 피와 산소량이 늘어나면서 세포 배양 속도도 빨라지고 뇌 안의 신경세포(뉴런) 역시 더 활기차게 기능한다는 것이다. 또한 임상 실험을 통해 운동을 하면 집중력과 성취욕, 창의성이 증가하며 뇌의 기능이 확장한다는 사실을 확인했다고 주장했다.

이처럼 운동이 스트레스와 불안, 우울 등 정신적인 문제를 해결하는 데 도움이 되고, 나아가 뇌 기능에도 긍정적인 영향을 미친다는 사실은 이 외에도 여러 연구를 통해 검증되었다. 만약 당신의 취미가 운동이라면 이는 엄청난 행운이다. 그렇다면 일상에서 뇌 건강을 위해 실천할 수 있는 운동에는 어떤 것들이 있을까?

⟡⟡⟡⟡ 하루 30분 걷기로 세로토닌을 방출하라 ⟡⟡⟡⟡

산소는 뇌 기능을 개선하는 데 아주 큰 역할을 한다. 이 산소를 뇌로 보내는 가장 효과적인 방법이 바로 유산소 운동이다. 유산소 운동을 통해 뇌세포를 위한 비료인 뇌신경영양인자(BDNF) 같은 호르몬이 공급되고, 뇌세포에 중요한 성분인 수상돌기와 축삭돌기를 성장시킨다. 수상돌기를 더 많을수록, 축삭돌기가 더 클수록 영리해진다. 따라서 유산소 운동을 통해 더 많은 산소를 흡입할수록 뇌는 더 건강해진다. 유산소 운동은 뇌 건강뿐 아니라 신체 건강에 도움이 된다는 사실은 이미 모두 알고 있을 것이다. 스트레스를 받을 때 활성화되는 유전자는 콜레스테롤을 코르티솔로 전환시키는데, 이 코르티솔이 백혈구 생산을 감소시켜 면역력을 떨어뜨리는 요인이 된다. 그러나 유산소 운동을 통해 콜레스트롤이 코르티솔로 전환되는 과정을 막을 수 있다. 또 엔도르핀을 비롯해 우리의 기분을 좋아지게 만드는 도파민과 세로토닌을 분비시킨다.

따로 시간을 내어 헬스장에서 운동하는 것도 매우 좋지만, 꾸준히 헬스장을 방문하는 것이 어렵다면 '하루 30분 걷기'만으로도 몸 상태나 생각을 바꿀 수 있다. 평소보다 30분만 일찍 일어나 출근길에 지하철 한 정거장 거리를 걷는 것만으로도 충분하다. 짧고 가벼운 걷기 운동으로 머리를 맑게 한 뒤 업무를 시작한다면 뇌의 컨디션도 좋아져 일이 더욱 순조롭게 진행될 것이다.

∽∽∽ 리듬을 타는 뇌는 늙지 않는다 ∽∽∽

뇌 기능을 개선하고, 좋은 상태를 유지하게 해주는 데 걷기나 달리기와 같은 유산소 운동이 효과적이지만 그보다 더 즐겁게 효과를 볼 수 있는 방법이 있다. 바로 '춤'이다. 좋아하는 음악에 맞춰 리듬을 타며 춤을 추면 기억력과 관련된 뇌 부위가 튼튼해지고 정보처리속도도 높아진다는 연구 결과가 있다. 춤을 추면 정보처리속도와 기억력과 관련된 부위인 뇌궁 부위의 백질이 더 두터워지기 때문이다.

리듬을 맞추고, 그에 맞게 동작 하나하나를 만들어 움직이고, 또 누군가와 함께 춤을 출 때는 상대의 움직임을 인식하며 몸을 움직이는 활동들이 모두 인지기능을 쓰는 뇌 부위에 자극을 주고, 그 결과 두께가 두터워짐으로써 기능이 향상되는 것이다.

자신의 체력에 맞게, 또 취향에 맞게 음악을 즐기며 춤을 춰보자. 마음도 몸도 즐거워질 뿐만 아니라 뇌 또한 즐거움을 느껴 최적의 상태를 유지하게 될 것이다.

참고문헌

낸시 C. 안드리아센, 『천재들의 뇌를 열다』, 유은실 옮김, 허원미디어, 2006.

대니얼 카너먼, 『생각에 관한 생각』, 이창신 옮김, 김영사, 2018.

도야마 시게히코, 『생각의 틀을 바꿔라』, 전경아 옮김, 책이있는풍경, 2015.

야마구치 슈, 『세계의 리더들은 왜 직감을 단련하는가』, 이정환 옮김, 북클라우드, 2018.

월터 아이작슨, 『스티브 잡스』, 안진환 옮김, 민음사, 2015.

존 레이티·에릭 헤이거먼, 『운동화 신은 뇌』, 이상헌 옮김, 김영보 감수, 녹색지팡이, 2009.

Abadie, M., Waroquier, L., and Terrier, P., Gist memory in the unconscious-thought effect. *Psychological Science*, 2013. 24(7): pp. 1253-1259.

Agor, W.H., The logic of intuition: How top executives make important decisions. *Organizational Dynamics*, 1986. 14(3): pp. 5-18.

Akinci, C., and Sadler-Smith, E., Intuition in management research: A historical review. *International Journal of Management Reviews*, 2011. 14(1): pp. 104-122.

Allinson, C.W. and Hayes J., The cognitive style index: A measure of intuition-analysis for organizational research. *Journal of Management studies*, 1996. 33(1): pp. 119-135.

Baird, B., et al., Inspired by distraction: mind wandering facilitates creative incubation. *Psychological Science*, 2012. 23(10): pp. 1117-1122.

Baldacchino, L., et al., Entrepreneurship research on intuition: a critical analysis and research agenda. *International Journal of Management Reviews*, 2015. 17(2): pp. 212-231.

Bargh, J., Reply to the commentaries. *In R. S. Wyer (Ed.), Advances in social cognition*: Vol. 10. The automaticity of everyday life. 1997: Mahwah, NJ: Erlbaum. pp. 231—246.

Bos, M.W. and Dijksterhuis, A., Unconscious thought works bottom-up and conscious thought works top-down when forming an impression. *Social Cognition*, 2011. 29(6): pp. 727-737.

Bos, M.W., Dijksterhuis, A., and van Baaren, R.B., On the goal-dependency of unconscious thought. *Journal of Experimental Social Psychology*, 2008. 44(4): pp. 1114-1120.

Branson, R., *Losing my virginity: how I've survived, had fun, and made a fortune doing business my way*. 1998: Crown Business.

Burke, L.A. and Miller M.K., Taking the mystery out of intuitive decision making. *Academy of Management Executive*, 1999. 13(4): pp. 91-99.

Creswell, J.D., Bursley, J.K. and Satpute A.B., Neural reactivation links unconscious thought to decision-making performance. *Social cognitive and affective neuroscience*, 2013. 8(8): pp. 863-869.

de Vries, M., et al., The unconscious thought effect in clinical decision making: an example in diagnosis. *Medical Decision Making*, 2010. 30(5): pp. 578-581.

Dijksterhuis, A. and Strick, M., A case for thinking without consciousness. *Perspectives on Psychological Science*, 2016. 11(1): pp. 117-132.

Dijksterhuis, A. and Meurs, T., Where creativity resides: The generative power of unconscious thought. *Consciousness and Cognition*, 2006. 15(1): pp. 135-146.

Dijksterhuis, A., et al., On making the right choice: The deliberation-without-attention effect. *Science*, 2006. 311(5763): pp. 1005-1007.

Dijksterhuis, A. and Nordgren, L.F., A theory of unconscious thought. *Perspectives on Psychological science*, 2006. 1(2): pp. 95-109.

Dijksterhuis, A., Think different: the merits of unconscious thought in preference development and decision making. *Journal of personality and social psychology*, 2004. 87(5): pp. 586-598.

Dijksterhuis, A. and van Olden, Z., On the benefits of thinking unconsciously: Unconscious thought can increase post-choice satisfaction. *Journal of experimental social psychology*, 2006. 42(5): pp. 627-631.

Elbanna, S., Child, J., and Dayan, M., A model of antecedents and consequences of intuition in strategic decision-making: Evidence from Egypt. *Long Range Planning*, 2013. 46(1): pp. 149-176.

Elbanna, S., Intuition in project management and missing links: Analyzing the predicating effects of environment and the mediating role of reflexivity. *International Journal of Project Management*, 2015. 33(6): pp. 1236-1248.

Frederick, S., Cognitive reflection and decision making. *Journal of Economic perspectives*, 2005. 19(4): pp. 25-42.

Frey, C.B. and Osborne, M.A., The future of employment: How susceptible are jobs to computerisation? *Technological Forecasting and Social Change*, 2017. 114: pp. 254-280.

Hemingway, E., *The Hemingway Collection*. 2014: Simon and Schuster.

Iyengar, S., How to make choosing easier. 2011.11; Available from: https://www.ted.com/talks/sheena_iyengar_how_ to_make_choosing_easier.

Kageyama, T., et al., Performance and Material-Dependent Holistic Representation of Unconscious Thought: A Functional Magnetic Resonance Imaging Study. *Frontiers in Human Neuroscience*, 2019. 13: p. 418.

Kageyama, T. and Sugiura, M., Relationship of Cognitive Style and Job Level: First Demonstration of Cultural Differences. *Frontiers in Psychology*, 2017. 8.

Khatri, N., and Ng, H.A., The role of intuition in strategic decision making.

Human relations, 2000. 53(1): pp. 57-86.

Lieberman, M.D., Social cognitive neuroscience: a review of core processes. *Annual Review of Psychology.*, 2007. 58: pp. 259-289.

McMahon, K., et al., Driven to distraction: The impact of distracter type on unconscious decision making. *Social Cognition*, 2011. 29(6): pp. 683-698.

Messner, C. and Wänke, M., Unconscious information processing reduces information overload and increases product satisfaction. *Journal of Consumer Psychology*, 2011. 21(1): pp. 9-13.

Miller, G.A., The magical number seven, plus or minus two: Some limits on our capacity for processing information. *Psychological Review*, 1956. 63(2): pp. 81-97.

Morita, A., Selling to the world: *The Sony Walkman story*, In J. Henry and D. Walker (Eds), Managing Innovation, London. 1991: SAGE Publications.

Reinhard, M.-A., Greifeneder, R., and Scharmach, M., Unconscious processes improve lie detection. *Journal of Personality and Social Psychology*, 2013. 105(5): pp. 738-762.

Sadler-Smith, E., Cognitive style and the management of small and medium-sized enterprises. *Organization Studies*, 2004. 25(2): pp. 155-181.

Sadler-Smith, E., Spicer, D.P., and Tsang F., Validity of the Cognitive Style Index: replication and extension. *British Journal of Management*, 2000. 11(2): pp. 175-181.

Salthouse, T.A., Selective review of cognitive aging. *Journal of the International Neuropsychological Society*, 2010. 16(5): pp. 754-760.

Schwartz, B. The paradox of choice: *Why more is less*. 2004. Ecco.

Simon, H.A., *The new science of management decision*. 1977, Englewood Cliffs: Prentice Hall.

Stanovich, K.E. and West, R.F. Advancing the rationality debate. *Behavioral and brain sciences*, 2000. 23(5): pp. 701-717.

Strick, M., Dijksterhuis, A., and van Baaren, R.B., Unconscious-thought effects take place off-line, not on-line. *Psychological Science*, 2010. 21(4): pp. 484-488.

Strick, M., et al., A meta-analysis on unconscious thought effects. *Social Cognition*, 2011. 29(6): pp. 738-762.

Wilson, T.D., et al., Introspecting about reasons can reduce post-choice satisfaction. *Personality and Social Psychology Bulletin*, 1993. 19(3): pp. 331-339.

Yang, H., et al., Unconscious creativity: When can unconscious thought outperform conscious thought? *Journal of Consumer Psychology*, 2012. 22(4): pp. 573-581.

A one-on-one interview with Bill Gates. Available from: http://edition.cnn.com/2002/TECH/industry/02/28/gates/.

Life Lessons from Howard Schultz. Available from: https://www.inc.com/magazine/201406/david-kaplan/life-lessons-from-howard-schultz-of-starbucks.html.

KI신서 9838

써드 씽킹

1판 1쇄 인쇄 2021년 7월 26일
1판 1쇄 발행 2021년 8월 4일

지은이 가게야마 테쓰야
옮긴이 이정현
펴낸이 김영곤
펴낸곳 ㈜북이십일 21세기북스

출판사업부문이사 정지은 유니브스타본부장 장보라
책임편집 정지은 서가명강팀 강지은
디자인 this-cover.com
유니브스타사업팀 엄재욱 이정인 나은경 이다솔 김경은
영업팀 김수현 최명열
제작팀 이영민 권경민

출판등록 2000년 5월 6일 제406-2003-061호
주소 (10881) 경기도 파주시 회동길 201 (문발동)
대표전화 031-955-2100 **팩스** 031-955-2151 **이메일** book21@book21.co.kr

(주)북이십일 경계를 허무는 콘텐츠 리더

21세기북스 채널에서 도서 정보와 다양한 영상자료, 이벤트를 만나세요!
페이스북 facebook.com/jiinpill21   포스트 post.naver.com/21c_editors
인스타그램 instagram.com/jiinpill21   홈페이지 www.book21.com
유튜브 youtube.com/book21pub

당신의 인생을 빛내줄 명강의! <유니브스타>
유니브스타는 <서가명강>과 <인생명강>이 함께합니다.
유튜브, 네이버, 팟캐스트에서 '유니브스타'를 검색해보세요!

ⓒ 가게야마 테쓰야, 2020

ISBN 978-89-509-9681-9 03190